UN JUEGO DE AMOR
El Padre Pío en nuestro camino al matrimonio

JOSÉ MARÍA ZAVALA – PALOMA FERNÁNDEZ

UN JUEGO DE AMOR
El Padre Pío en nuestro camino al matrimonio

LIBROSLIBRES
Calle de la Playa de Riazor, 12
28042 Madrid
Teléfono: 91 594 09 22
www.libroslibres.com
correo@libroslibres.com

© 2014, José María Zavala y Paloma Fernández

© 2014, LIBROSLIBRES

Diseño de cubierta: Rudesindo de la Fuente
Fotografía de cubierta: Nines Mínguez

Primera edición: septiembre de 2014

ISBN: 978-84-15570-43-1
Depósito Legal: M-22516-2014

Composición de Paco Arellano
Impresión: Cofás
Impreso en España — Printed in Spain

No se permite la reproducción total o parcial de este libro, ni su incorporación a un sistema informático, ni su transmisión en cualquier forma o por cualquier medio, sea éste electrónico, mecánico, por fotocopia, por grabación u otros métodos, sin el permiso previo y por escrito de los titulares del copyright.

Y dijo Jesús: «Pues igual vosotros, cuando hayáis hecho todo lo que se os ha mandado, decid: *Somos unos siervos inútiles; no hemos hecho más que lo que teníamos que hacer*» (Lucas 17, 10).

ÍNDICE

Introducción: Giro inesperado		11
1.	El tumbo	17
2.	Tuve un sueño	25
3.	Poderoso intercesor	33
4.	Tratamiento de choque	41
5.	Hijo pródigo	47
6.	La coraza	55
7.	El juramento	61
8.	Príncipe azul	73
9.	Al borde del abismo	81
10.	El flechazo	89
11.	La huida	97
12.	El regreso	107
13.	A tumba abierta	115
14.	Primera Comunión	123
15.	La carta	131
16.	El gran tesoro	139
17.	Ester	147
18.	El fallo	155

19.	El aviso	161
20.	Santa María La Mayor	169
21.	La Pasión	179
22.	«Piucho»	187
23.	Noche oscura	195
24.	La luz	215
	Agradecimientos	225

INTRODUCCIÓN

GIRO INESPERADO

—Debe saber que el Padre Pío le ha traído a usted aquí —me advirtió sor Esperanza de la Divina Misericordia, muy convencida, nada más verme al otro lado de las rejas de la clausura.

—Tampoco yo lo dudo —asentí.

Paloma pudo observar ya a esa monja tan especial durante la charla que yo acababa de impartir en la preciosa iglesia conventual, ante la privilegiada presencia del Santísimo Sacramento.

Desde uno de los primeros bancos, situados a la derecha de la clausura desde donde las religiosas seguían la conferencia, Paloma contempló así su seráfica sonrisa llena de paz, en contraste con las muecas burlonas de la monja sentada justo delante de ella, que no cesaba tampoco de moverse ni de restregarse la frente bajo la toca de lienzo que ceñía su rostro inquieto mientras yo hablaba de Jesús, la Virgen y el Padre Pío.

Paloma extrajo al fin su frasquito de agua exorcizada del bolso y se santiguó con ella. Sólo entonces pudo descansar ya su mirada en la de sor Esperanza, como si la otra hermana hubiese dejado de existir.

La primera conversación entre aquella alma elevada y yo, separados por las rejas de la clausura pero unidos por nuestra gran devoción al Santo Padre Pío, permanecerá como secreto de confesión. Sólo diré que sor Esperanza sufría ya entonces, y si Dios lo permite ahora también, los terribles ataques del demonio en su celda para purificación de su alma y las de sus hermanas conventuales. Las últimas veces utilizaba un ejemplar de las Sagradas Escrituras estrechado contra su pecho como el más eficaz escudo frente a la presencia diabólica: «La Palabra de Dios tiene una fuerza poderosísima; tenga siempre una Biblia abierta en un lugar destacado de su hogar», me recomendó. Y obedecí.

La Providencia quiso que ella y yo volviéramos a vernos semanas después, para charlar de nuevo por espacio de casi media hora, sentados en dos sillas a ambos lados de las finas y negras rejas.

—He rezado mucho por usted durante todo este tiempo —me comentó.

—Y yo por usted, hermana.

—Mientras lo hacía, sentía la necesidad de decirle algo.

—¿Decirme qué, hermana? —pregunté, intrigado.

—Pensé que yo no era la persona más indicada para comentarle eso a un escritor como usted, y así se lo hice saber a la madre superiora.

—Pues le ruego que me lo diga ahora a mí también —añadí.

—Verá, mientras oraba por usted, vi con claridad que es un valioso instrumento del Señor.

—Querrá decir miserable —le corregí.

—Todos lo somos, empezando por mí, pero él se sirve de nuestras miserias para hacer el bien.

—Cierto.

—Pues siendo usted instrumento, debería escribir libros que ayudasen a las almas, como el del Padre Pío. ¿Entiende lo que quiero decirle, verdad?

—Entiendo —asentí. Pero también comprenderá usted que debo dar de comer a mi familia escribiendo sobre los Borbones o la Guerra Civil española.

—Lo sé, pero estoy segura de que si usted confía de verdad en el Señor recibirá el ciento por uno ya aquí.

—Le haré una confidencia.

—Si usted lo cree oportuno...

—He pensado mucho en escribir un libro sobre mi conversión y la de Paloma; y en especial, sobre nuestro largo y complicado camino al matrimonio de la mano del Padre Pío. Bueno, en realidad la idea no es mía sino de mi confesor y director espiritual en aquel momento, que me insistió ya hace cuatro años para que lo escribiera. ¿No le parece que serviría de gran ayuda a millares de divorciados, convencidos hoy en conciencia de que su matrimonio jamás ha existido?

—Ese libro es providencial —dictaminó sor Esperanza con aplomo.

—¿Está segura?

—Completamente.

—¿Y qué hago con el resto?

—Eso debe decidirlo usted en la presencia de Dios.

—Si estuviese soltero o sin hijos, no lo dudaría, pero...

—¿Y quién le dice a usted que ese libro del que acaba de hablarme no será un éxito de ventas? —sonrió ella con mirada diáfana.

—Sólo Dios lo sabe.

—Aun así, seguro que hará mucho bien.

—Ojalá —anhelé—. Por cierto, estoy dándole vueltas a la posibilidad de renunciar a un libro que ya tengo contratado.

—Imagino qué tipo de libro es...

—Me preocupa que pueda desconcertar a algunos lectores, pues versa sobre infidelidades regias.

—¿Lo ve...? —dijo ella, con gesto de disgusto.

—Sé que no debo hacerlo.

—Pues entonces no lo haga.

—¿Y qué le digo yo ahora a Paloma, que se ocupa de la intendencia familiar?

—Le costará entenderlo, pero al final lo hará. Voy a rezar mucho para que todo salga bien. ¡Ah! Tome esto...

Me tendió un Rosario precioso, con las cuentas desgastadas.

—Cójalo —insistió, al verme reticente.

—¿Es para mí...? —argüí.

—Quiero desprenderme de él; lleva conmigo demasiados años.

—Pero hermana... —objeté.

—Tómelo y rece mucho por mí.

—Se lo prometo. Que el Señor se lo pague y siga colmándola de bendiciones —me despedí de ella, estrechando su mano blanca como la nieve a través del enrejado.

Debo decir, en honor a la verdad, que cuando le comenté a Paloma que no pensaba escribir el libro sobre los amores regios puso al principio el grito en el Cielo:

—¿Y qué hacemos ahora para devolver el anticipo que ya hemos cobrado? —inquirió, con natural preocupación.

—No lo sé, cariño, pero ese libro no puedo firmarlo si escribimos el de nuestra conversión —repuse, en coherencia.

—¿El de nuestra conversión...? —repitió ella, con escaso o más bien nulo convencimiento.

—Es un libro que puede hacer mucho bien, como el del Padre Pío.

—No lo niego, pero yo no estoy dispuesta a hacer ningún *striptease*, por muy espiritual que sea. Además, ¿no has pensado en que tenemos dos hijos?

—Pues claro que sí.

—¿Y entonces quieres explicarme cómo vamos a pagar los colegios o la hipoteca sin un sueldo fijo y si encima tenemos que devolver ahora toda esa cantidad de dinero?

—Confiando en la Providencia de Dios —dije yo, tragando saliva.

—Providencia de Dios... —susurró ella, inducida más por la inquietud que por la incredulidad.

—¿Acaso no confías ya en ella? —añadí, para que reaccionase.

—No es eso.

—¿Entonces qué es?

—Pues que no me parece lógico que te niegues de repente a escribir un libro que ya tienes contratado para hacer este otro con el que no estoy de acuerdo. Si quieres, hazlo tú...

—Paloma, por favor, ¿quieres hacerme caso?

—Lo siento, Chema, pero ahora no puedo.

Aquel diálogo de sordos nos sirvió finalmente a los dos para darnos cuenta de que el demonio estaba ya enredando antes de empezar.

Sabíamos demasiado bien cómo se las gastaba el perverso diablo desde que nos vimos inmersos en los libros *Padre Pío* y *Así se vence al demonio*, publicados por esta misma editorial. Y nos convencimos de que este nuevo proyecto en manos del Padre Pío, convertido ahora en realidad, daría tanto o más fruto que los dos anteriores.

Paloma y yo deseamos ahora advertir al lector de que los nombres de algunas personas así como determinadas situaciones han sido alterados por compromiso ineludible de discreción, para no faltar a la caridad. Pero todo cuanto se dice en estas páginas es tan real como la vida misma, y rigurosamente cierto.

1

EL TUMBO

Jamás olvidaré la tarde del miércoles 5 de agosto de 2009, festividad de la Virgen de las Nieves, según supe luego.

Mientras tecleaba en mi ordenador un nuevo capítulo de *El Borbón de cristal*, la biografía del primogénito del rey Alfonso XIII, víctima inocente de la hemofilia en la Casa Real española, que debía entregar al editor el 1 de septiembre, Paloma se asomó al despacho para avisarme de que habíamos quedado con unos amigos en la Hospedería del Valle de los Caídos.

Torcí el gesto enseguida. Estaba abrumado. El tiempo se me escapaba de las manos y debía componer aún casi la mitad del libro. Así que refunfuñé: «¿No sabes que tengo todavía mucho trabajo por delante...?». Y propuse la salida más cómoda entonces: «¿Por qué no vas tú sola con los niños?».

Ella no insistió. Recapacité yo mismo, no sé muy bien cómo, instantes después: «¿Tan miserable eres, Chema, de escabullirte de una Misa a la que te ha invitado uno de tus mejores amigos, cuyo padre está moribundo?».

Sentí entonces una misteriosa fuerza interior que me arrastró, al cabo de una hora más o menos, hasta la misma explanada situada frente a la Hospedería, donde nos aguardaba ya Nacho con su familia.

Al verme, hizo él conmigo un aparte para indicarme:

—Enseguida empieza la charla.

—¿Qué charla...? ¿No era una Misa? —aduje, desconcertado.

—¿Quién te ha dicho eso?

—Paloma.

—No debió entenderme bien —sonrió.

—¿Entonces...?

—Verás, ha venido una vidente argentina.

Enmudecí y, a juzgar por el comentario de mi amigo, debí empalidecer también:

—¿Te pasa algo? —dijo, preocupado.

—No, nada —disimulé, mientras sentía por dentro un terremoto de ocho puntos en la escala de Richter.

«¡Una vidente! ¡Tierra, trágame!» —exclamé para mis adentros.

Las videntes me recordaban entonces a las brujas con sus bolas de cristal, a esas pitonisas que te leían el porvenir con sus barajas de naipes a las primeras de cambio, fuese o no verdad. Y huía ahora de las adivinas como de la propia peste. Bastante tuve ya en el pasado con alguna que otra arpía, como referiré en el momento oportuno.

Sólo la amistad que profesaba a Nacho, cuyo padre, como ya he dicho, se debatía entre la vida y la muerte, hizo que me mordiese la lengua. Y eso que la lengua, como dijo en cierta ocasión Konrad Adenauer, primer canciller de la República Federal de Alemania, era el único órgano humano que jamás se cansaba, lo cual acrecentaba mi mérito.

Al cabo de un rato estábamos ya todos sentados en unos bancos de madera crujiente que parecían tener artritis, en el interior de una amplia sala de reuniones situada junto al vestíbulo de la Hospedería. A nuestro alrededor había una treintena de personas; entre ellas, dos monjes benedictinos de la Abadía que no habían querido perderse la ocasión por nada del mundo. Algo de especial debía tener aquel espectáculo religioso o lo que fuese.

La vidente arrancó a hablar. Se llamaba María Livia y era una modesta madre de familia, acompañada de su esposo y de sus tres hijos. Vestía con llamativa sobriedad y hablaba de forma pausada, con voz dulce. Tenía el pelo castaño recogido en una coleta. Tras casi cuarenta años de matrimonio, rozaba los sesenta de edad pero su aspecto natural, sin el menor rastro de cosméticos, le hacía parecer más joven, por increíble que pareciese.

En 1990, según explicó ella, seguía siendo una sencilla ama de casa que rezaba el Santo Rosario en familia todos los días. Hasta que una tarde, mientras entonaba el Avemaría, tuvo una locución interior de alguien que afirmó ser «la Madre de Dios» nada menos:

—¿Me recibes en tu casa? ¿Aceptas compartir tu hogar conmigo? —dijo la misteriosa voz.

—Madre, acepto. Ven y comparte todo mi hogar. Es tuyo, te pertenece a partir de hoy. Te lo entrego —asintió María Livia, sin condiciones.

Días después, la Virgen añadió supuestamente:

—Hija, deseo ser coronada como Reina en este hogar.

María Livia volvió a rendirse ante Ella:

—Si ese es Su deseo, seré obediente y lo haré de inmediato.

Más tarde, la Señora le pidió:

—Hija, deseo que me entregues a tus hijos.

—Madre —respondió la vidente—, te entrego a mis hijos. Desde hoy te pertenecen. Son tuyos.

Otro día la Virgen volvió a rogarle:

—Hija, hoy he venido a pedirte un anhelo de mi corazón: deseo estar entre tú y tu esposo.

Y ella, una vez más, accedió sumisa:

—Desde hoy, Madre, Tú estarás siempre en medio de los dos.

La Virgen, entonces, añadió:

—Dios tiene designios sobre ti desde toda la eternidad. ¿Aceptas esto de parte de Dios?

—Sí —repuso María Livia.

La vidente describió, a continuación, la visión que tuvo el 13 de septiembre de 1996:

«Mientras estaba en oración, vi a la Santísima Virgen que con gran esplendor y gloria bajaba del cielo con ángeles vestida de blanco, manto azul celeste y velo blanco. Con sus manos juntas en actitud de oración y una leve sonrisa en su hermosísimo rostro. Mi alma quedó elevada ante la solemnidad de la visión. Frente a la Santísima Virgen apareció una estrella que brillaba como el sol. La Virgen se arrodilló en profunda adoración, después solo vi en medio de la luz dorada la Santa Hostia y el Corazón herido de Jesús y la voz de la Santísima Virgen, que repitió: «Bendito y adorado sea el Sacratísimo Corazón Eucarístico de Jesús»».

De ahí surgió la bella advocación de la Madre del Divino Corazón Eucarístico de Jesús, a quien María Livia retrataba como «una joven de alrededor de 14 años, que tiene sus manos y brazos extendidos hacia abajo, desde donde salen purísimas luces que se extienden como rayos de cristal».

Esta criatura adorable, de extraordinaria belleza, permanecía mirándola
en completo silencio con su rostro de niña y sus ojos de lago, grandes y profundos. Vestía de blanco purísimo, con un manto azul con destellos verdosos y un velo blanco cubriéndole la cabeza. Apoyaba los pies descalzos sobre una pequeña nube que flotaba a pocos centímetros del suelo.

Tras esta aparición, María Livia fue incapaz de ingerir alimento alguno durante los tres días siguientes, en los que apenas pudo ni tan siquiera tragar saliva.

Durante cinco largos años, ella guardó riguroso silencio sobre sus experiencias místicas, confiadas tan sólo a su confesor, a quien obedecía sin rechistar.

En noviembre de 1995, la Virgen le indicó que visitase el Monasterio de San Bernardo de Carmelitas Descalzas de Salta (Argentina) con este encargo suyo: «Que sean transmisoras de mis mensajes, convertíos en voceras mías, y para que esto sea efectivo acompañadlo con mucha oración».

Desde entonces, la Comunidad de Carmelitas adoptó espiritualmente a María Livia, sosteniéndola con sus plegarias constantes.

Hoy, el Santuario de la Inmaculada Madre del Divino Corazón Eucarístico de Jesús se levanta en la ciudad de Salta, capital de la provincia de Salta, al norte de la República Argentina; en concreto, en la cima del segundo de los tres cerros a cuyos pies está el barrio de Tres Cerritos. Millares de fieles se reúnen allí cada sábado a rezar el Santo Rosario. María

Livia y otros testigos oculares dan fe de que el Padre Pío suele «pasearse» por aquellos contornos.

El propio obispo de Puerto Iguazú, el salteño monseñor Raúl Marcelo Martorell, asegura en su prólogo a la exhaustiva investigación titulada *¿Se aparece la Virgen en Salta?*, del insigne mariólogo francés René Laurentin, esto mismo:

«[La obra llevará] a quienes no conozcan a María Livia Galliano y el misterio de las apariciones del cerro a un juicio menos apresurado, más cauto, más caritativo y respetuoso. No sólo para con ella, sino también para con los miles de peregrinos que visitaron el cerro, que recibieron alguna gracia, y que se sienten ofendidos en su fe por juicios frágiles y ligeros».

Y agrega monseñor Marcelo Martorell sobre estas apariciones:

«La Iglesia jerárquica lleva el caso con prudencia y tiempo, como sucedió en todos los fenómenos de esta u otra época en el orden de la fe».

Aquella tarde, en la sala de la Hospedería, calculé que la conferenciante debía llevar por lo menos media hora hablando de pie, pese a tener una silla justo detrás de ella, cuando musité al oído a Paloma, sentada a mi lado: «Esto es un verdadero rollo, ¿por qué no cogemos a los niños y nos largamos de aquí?».

Dejé, aun así, transcurrir unos minutos de cortesía, al término de los cuales, inexplicablemente, susurré esta vez a Paloma: «Necesito papel y bolígrafo».

Ella abrió el bolso, como el de Mary Poppins, y sacó un *Pilot* de punta fina y una hoja de bloc. La noté, como es lógico, atraída.

Y entonces, de forma automática, movido por un misterioso resorte interior, empecé a escribir:

«Estimada María Livia:

»Creo firmemente que a usted se le aparece la Virgen y, como prueba de ello, le pido que en la próxima ocasión que la vea le pida por una intención personal que puede cambiar mi vida. Firmado: José María».

Doblé el papel y lo guardé en el bolsillo interior de la americana. Pensé entregárselo a ella cuando concluyese la charla, pero me daba mucha vergüenza hacerlo. De modo que barajé la posibilidad de que nuestra hija Inés, de siete años, lo hiciera en mi lugar con su mano inocente. Pero finalmente salí a la explanada de la Hospedería sin atreverme a dárselo, creyendo que el acto ya había terminado.

Minutos después, Nacho me avisó para que regresase al salón. Y una vez allí de nuevo, vi cómo los demás asistentes se disponían a recibir en fila la bendición de María Livia. Durante la charla, ella nos había explicado que solía colocar la mano en el hombro de los fieles mientras pedía a la Virgen por sus intenciones. Escéptico, yo me situé el último en aquella larga hilera humana para ver qué sucedía. Al llegar a la altura de cada uno, María Livia imponía en efecto su mano en el hombro y luego en la cabeza, permaneciendo así en silencio unos segundos, durante los cuales oraba supuestamente a la Virgen.

Y cuál fue mi sorpresa al comprobar, con mirada estupefacta, cómo algunos se desplomaban hacia atrás mientras los familiares de María Livia trataban de sujetarles para que no se golpeasen contra el suelo. Recordé entonces al grupo musical estadounidense *Earth, Wind & Fire*, cuyos miembros parecían levitar sobre el escenario en los años setenta al ritmo del *funk, jazz, soul, góspel, blues* y melodías africanas. «Menudo espectáculo circense», lamenté.

Más tarde, averigüé que a ese fenómeno desconocido para mí se le denominaba «descanso en el espíritu». Era una gracia de relajación física absoluta, de abandono a Dios. Por eso mismo la gente se caía sin mostrar dolor alguno, incluso cuando no había nadie detrás para sostenerla.

Pero conforme María Livia se acercaba hacia mí, sentí un impulso interior que llevó mi mano al bolsillo del pantalón para agarrar el Santo Rosario que ella nos había regalado al comienzo del acto, advirtiéndonos de que estaba bendecido por la Virgen. Empecé a pasar así las cuentas con increíble devoción, mientras mi hijo Borja, de ocho años, permanecía de pie a mi lado.

Fue entonces cuando rompí a llorar desconsoladamente. Sollozaba como un recién nacido, incapaz de controlar el llanto. De forma parecida a como lo había hecho, diez años atrás, en el lecho de muerte de mi madre, como relataré en su momento.

Al llegar frente a mí, María Livia apoyó con firmeza su mano izquierda en mi hombro y la derecha en el de Borja, y luego en las cabezas de ambos, permaneciendo así varios minutos junto a nosotros, durante los cuales no paré de gemir hasta el punto de empaparme la camisa y de llegar a formar en el suelo un pocito con mis lágrimas.

Nunca antes reparé, como decía San Agustín, en que las lágrimas son la sangre del alma.

¿Por qué lloraba a mares? Lo hacía por haber ofendido a Dios durante tantos años. Sufría por primera vez en mi vida por haber agraviado al Señor con mis innumerables pecados. Era como si me hubiesen desgarrado el alma con amor, pero también con un terrible dolor.

Un sufrimiento similar, aunque menos intenso aún al que nueve meses después experimentaría durante nuestro viaje al convento de San Giovanni Rotondo, al sur de Italia, donde vivió el Padre Pío, y sobre el que volveré también más adelante.

Pero ahora, en la Hospedería del Valle de los Caídos y de forma casi inconsciente, introduje la mano en el bolsillo de la chaqueta para entregar a María Livia el papelito doblado. Ella se lo guardó, sin ni siquiera mirarlo, asintiendo con la cabeza.

No necesité ya que nadie me dijera que María Livia era una mujer de Dios. El instrumento del que se habían servido aquella tarde la Santísima Virgen y el Padre Pío para hacerme ver con asombrosa clarividencia, cuando menos lo esperaba, que si seguía como estaba me iba a condenar, abrasado en las llamas del infierno por toda la eternidad. Así, como suena.

Suscribo ahora, al pie de la letra, la opinión del teólogo René Laurentin, miembro de la Academia Pontificia de Roma, sobre esta sencilla mujer: «María Livia irradia el cielo y la luz de Dios. Hay muchas cosas especiales que siento a su lado».

Iguales o parecidas a las que yo sentí en lo más profundo de mi alma herida aquella tarde en la que volví a nacer, resurgiendo de mis cenizas, nunca mejor dicho, como el Ave Fénix.

Sólo entonces supe que los conversos éramos como las luciérnagas: necesitábamos de oscuridad para brillar. Y de vivir así bajo el mismo cielo, como todo el mundo, me convertí en un privilegiado que contemplaba ya el horizonte despejado, sin los nubarrones de tantos años.

Casi cinco después, el 13 de mayo de 2014, festividad de la Virgen de Fátima para más inri, sentí la necesidad de volver a hablar con María Livia. Me bastó con pronunciar mi nombre de pila, al otro lado del teléfono, para que ella recordase con detalle lo sucedido el 5 de agosto de 2009.

Compartimos juntos, entre loas al Señor y a Nuestra Santísima Madre, mi tumbativa conversión y todo lo que luego sucedió...

2

TUVE UN SUEÑO

Un mes antes de la súbita conversión de Chema, en julio de 2009, tuve un sueño tan real que me hizo incorporarme de la cama sobresaltada. Sudaba tinta y no podía parar de llorar.

Chema, como es natural, se despertó también asustado al verme sentada en el colchón en semejante estado de excitación:

—¡Qué te pasa! —exclamó con ojos entreabiertos, tras encender la lámpara de la mesilla de noche.

—¡No! ¡Noo! ¡Nooo...! —gritaba yo sin cesar, todavía en duermevela.

—¡Paloma, dime qué te ocurre! —alzó él de nuevo la voz, sacudiéndome el hombro derecho para hacerme reaccionar.

Sentí enseguida su cálido abrazo y, poco a poco, fui recuperando el aliento. ¡Pero me dolía tanto el alma...!

Minutos antes, mientras dormía, el Padre Pío me había asido del brazo para conducirme hasta una iglesia. Caminábamos juntos él y yo en dirección al Sagrario. Conforme nos aproximábamos hacia el altar, distinguía yo cada vez con más nitidez el Sagrado Corazón de Jesús, al fondo. Era un Corazón enorme del que manaba sangre a borbotones. Un Corazón herido sin la menor piedad, descarnado por completo. Un Corazón que me amaba con locura y que yo, con cada una de mis ofensas, despreciaba hasta el extremo de lastimarlo una y otra vez sin la menor compasión y, lo que es peor aún, con absoluta indiferencia. Supe entonces que aquel sueño no había sido casual, sino causal, que es muy distinto. Me convencí de que era el preludio de algo muy importante que debía suceder en nuestras vidas. ¡Y ya lo creo que sucedió...!

Chema y yo habíamos conocido providencialmente al Padre Pío a finales de marzo de 2008.

No voy a relatar ahora con detalle el desolador episodio que nos hizo pasar a los dos un tremendo calvario durante seis largos años, y que prosigue todavía hoy de forma latente, durante los cuales guardamos sepulcral silencio para no dañar a la Iglesia, a la que tanto amamos por ser el mismo Cristo su fundador.

Pero sí diré que poco antes de conocer a un gigante de la santidad como el Padre Pío, el 18 de marzo exactamente, día de mi cumpleaños, Chema recibió sobre las diez de la noche una llamada telefónica tan inesperada como alarmante, que nos impidió conciliar el sueño aquella madrugada en la que él celebraba ya su onomástica.

Al otro lado del aparato, escuchó así alucinado la voz intimidatoria de una persona con la que hasta ese mismo instante había mantenido una cordial relación.

Pues bien, la conversación que yo misma pude seguir por el altavoz del teléfono aquella noche aciaga, noche de Semana Santa, noche de Pasión, discurrió más o menos así al principio:

—¡Te vamos a denunciar! —amenazó una voz masculina.

—¿Cómo dice? —inquirió Chema, atónito, pues era la primera vez que esa persona le hablaba de forma desafiante, sin haberle dado ni siquiera las buenas noches.

—Lo que oyes. Estoy cenando ahora con dos personas [pronunció sus nombres] y vamos a denunciarte —insistió.

Cuando Chema colgó el auricular, yo estaba llorando como una Magdalena. Pero él aún tuvo fuerzas para consolarme:

—Tranquila, ya verás como todo se soluciona. Ahora mismo localizo a una persona [dijo su nombre] y tratamos de arreglar este malentendido lo mejor posible.
—No lloro por eso —le dije—, sino por toda la ilusión y el esfuerzo que has puesto en este proyecto que tú mismo dedicaste a Santa Gema. ¿Recuerdas cuando estuvimos en su iglesia pidiéndole que nos ayudara? Y ahora...
—Ahora voy a marcar un número de teléfono y Dios quiera que esta horrible pesadilla se disipe de una vez.

He omitido las conversaciones que se celebraron aquella noche y los días posteriores, así como la identidad de sus protagonistas, para no faltar a la caridad con terceras personas.

No me mueve, como a Chema, afán alguno de revancha; sencillamente, porque ninguno de los dos guarda el menor rencor a estas personas que tanto daño nos hicieron. Aunque, como seres humanos que somos, no nos hayan faltado ganas de contar simple y llanamente la verdad de lo que sucedió. Sólo la verdad, en lugar de soportar en silencio todo tipo de maledicencias, calumnias y desdenes que pusieron en grave peligro el pan de nuestros hijos, afectando negativamente para colmo al prestigio como periodista y escritor de Chema.

En un determinado momento, él recibió incontables llamadas de televisiones como Tele 5 y Antena 3, periódicos impresos como *El Mundo* y *El País*, digitales del tipo de *El Confidencial* y emisoras de radio como Onda Cero o la Cadena Ser. Yo misma atendí cada una de las peticiones para entrevistarle.

Pudo haberse lucrado incluso, acudiendo a un plató de televisión con el material tan goloso que guardaba, pero rehusó hacerlo para no perjudicar a la imagen pública de la Iglesia.

Optamos así por mantener la boca cerrada. «Cuando no puedas alabar, cállate», advertía, no en vano, otro gran santo como Josemaría Escrivá de Balaguer, a quien tanto debo también, como explicaré en su momento.

Entretanto, no cesaron las amenazas de llevar a Chema a los tribunales. Fue así como apareció providencialmente en nuestras vidas la persona que nos dio a conocer al Padre Pío. Un joven abogado, padre de familia y gran devoto del santo de Pietrelcina, cuyo nombre Chema ya ha sacado a relucir en el primer capítulo.

Nacho y él convinieron finalmente en que no teníamos nada que temer, puesto que la verdad y las pruebas que la acreditaban estaban de nuestra parte. De hecho, no llegó a entablarse finalmente acción judicial alguna, pese a todas las amenazas recibidas.

El Señor, del mal siempre saca un bien; en este caso, para purificación de nuestras almas y también, cómo no, para darnos a conocer al Padre Pío, quien ya desde entonces no ha dejado de guiar ni un solo instante desde el Cielo nuestras vidas y las de nuestros hijos hacia Jesús y la Virgen.

En aquella época pasaba yo por momentos de mucha soledad, desde que Chema alquiló un ático en el pueblo de Navacerrada, en plena sierra madrileña, para encerrarse a escribir su nuevo libro *La infanta republicana*, la biografía de Eulalia de Borbón, hija de la reina Isabel II y hermana del rey Alfonso XII. Corría entonces el 21 de enero de 2008, onomástica de nuestra hija menor Inés.

Yo permanecí en nuestra casa de la calle Alcalde Sainz de Baranda, junto al Retiro, con nuestros hijos, que estudiaban entonces en el colegio El Pilar. Pero todos los días iba a verle a Navacerrada en autobús de línea, alrededor de las doce del mediodía, la hora del Ángelus. Almorzábamos y paseábamos luego juntos frente al embalse, recitando el Santo Rosario. Hasta que, al cabo de tres horas y media, regresaba compungida a la ciudad para recoger a los niños a la salida de la escuela. Así, de lunes a viernes, pues el fin de semana lo pasábamos todos juntos en familia en aquel apartamento desde cuya amplia terraza se divisaba la imponente cumbre de la Maliciosa.

Por la mañana, antes de tomar el autobús a Navacerrada, iba a Misa de diez en la Concepción de Goya para pedirle al Señor con toda el alma que algún día Chema y yo pudiésemos estar juntos si Él quería. Vivíamos en pecado mortal y, por lo tanto, a ninguno de los dos se nos ocurría comulgar en semejante estado, evitando a toda costa cometer un sacrilegio.

Nuestra situación irregular tampoco era óbice para que en mi caso sintiese la necesidad de asistir a Misa cada día, implorándole a Jesús que tuviese Misericordia de nosotros. Pero sobre nuestro estado en aquellos días me detendré más adelante.

Debo consignar ahora un episodio increíble pero cierto, que viví en primera persona y que demuestra cómo el Padre Pío nos rondaba ya en aquel momento. Sucedió al mes siguiente de que Chema recibiese las primeras amenazas telefónicas con nocturnidad y alevosía. Habíamos conocido a Nacho en marzo, pero todavía él no nos había hablado del santo capuchino o, si lo hizo, no le prestamos la debida atención. De modo que ignorábamos su existencia. Si alguien nos hubiese mostrado una fotografía suya, nos habríamos encogido de hombros.

La fecha no se me borrará jamás de la memoria: era 3 de abril, jueves, víspera del cumpleaños de Chema, cuando llevé como de costumbre unas flores a la Virgen en la Concepción de Goya. Llegaba tarde a Misa y, en lugar de acceder a la sacristía desde el interior de la iglesia, por la puerta ubicada a un lado del altar para no interrumpir la celebración, lo hice por otra que había en el exterior del templo. Llovía copiosamente aquella mañana y llamé al timbre, cobijada bajo la tela impermeable de un paraguas de cuadros escoceses.

Poco después, un fraile mayor, de unos setenta años más o menos, con pelo y barba blanca crecida, se asomó al umbral de la entrada.

—Buenos días, padre, vengo a dejarle unas flores a la Virgen —saludé, mostrándole un hermoso ramo de claveles rojos.

—¡Qué manera de llover! Pasa hija, anda, que te vas a empapar —correspondió él, en tono paternal—. Aunque a los claveles no les viene mal el agua...

Dejé el paraguas en un rincón del amplio hall.

—¿Traes flores para alguna Virgen en especial? —añadió el monje, con una sonrisa reluciente.

—No, padre. La Virgen es una. Aunque póngaselas, si quiere, a la imagen de Nuestra Señora del Pilar que tienen aquí.

—Está muy bien que pienses así, hija —aprobó—. Ella nos ayuda siempre. Ah! Discúlpame un momento...

El fraile se dirigió entonces hacia la sacristía, al fondo del pasillo. Pensé que iba en busca de algún florero donde colocar los claveles. Yo le seguí de cerca. Observé que caminaba con dificultad, ligeramente corcovado. Me fijé también en el cíngulo que llevaba a la cintura, rematado por tres nudos que, según supe luego, simbolizaban los votos de pobreza, castidad y obediencia. Calzaba unas viejas sandalias y llevaba las manos al descubierto.

De pronto, se volvió para preguntarme:

—¿Cómo estás, hija? Dime: ¿Qué le pides a la Virgen...?

—Estoy triste, padre, pero no pierdo del todo la esperanza de que Ella me ayude —dije con un halo de resignación.

—Tranquila, hija. Todo se te va a arreglar —aseguró él.

Llegamos a la sacristía, donde pude contemplar un bonito crucifijo y una imagen de la Virgen, junto a los retratos enmarcados del Papa Benedicto XVI y del cardenal Rouco Varela. Pero cuando quise darme cuenta, el fraile ya había desaparecido. Tuve la sensación de haberme bajado de una nube en aquel mismo instante.

—¡Padre! ¡Padre...! —le llamé con insistencia, alzando la voz.

Nadie respondió. Pero como si aún percibiese su presencia, seguí hablando sola:

—Bueno, ya me voy. Tengo que coger el autobús...

Reparé en que los claveles seguían aún en la sacristía, sobre una mesa. Poco después, al abandonar la iglesia, experimenté una paz inexplicable. Había llegado allí desanimada y me iba llena de esperanza.

Días después, Chema y yo nos encontramos por la calle con un fraile capuchino que salía de la iglesia de San Fermín de los Navarros, en la calle Eduardo Dato. Nos acercamos a él para saludarle y yo aproveché para decirle que había visto a un hermano suyo, ataviado con su mismo hábito de capuchino, en la Concepción de Goya.

—¿Un capuchino en aquella iglesia? Imposible —aseveró él, frunciendo su poblado entrecejo.

—Pero yo estuve allí con él —repliqué—. Me abrió la puerta y me atendió muy cariñosamente.

—Le repito a usted que eso es imposible —se ratificó—. Nosotros sólo estamos en San Fermín de los Navarros, en San Antonio y en Jesús de Medinaceli. Pero en la Concepción, ya le digo que no hay un solo capuchino, sino sacerdotes diocesanos.

Me quedé muy extrañada, pensando que tal vez el capuchino que yo vi aquella mañana estuviese allí de visita con algún encargo o algo parecido para el párroco o su vicario.

Hasta que uno de esos días pude observar por primera vez la estampa del Padre Pío que me regaló Claudina, la mujer de Nacho, al salir de su casa.

Estábamos ya en el interior del coche, de regreso a la nuestra, cuando Chema reparó en que yo estaba lívida.

—¿Te encuentras bien, Paloma? —me dijo, preocupado.

—No puede ser, no puede ser... —repetía yo mirando a un lado y otro, como si intentase atrapar con los ojos un moscardón invisible.

—¿Qué diablos no puede ser...? —interrogó él.

—El capuchino con el que yo estuve en la Concepción de Goya es el mismo de esta fotografía —dije, señalándole con el índice—. ¡El Padre Pío! —concluí, estremecida.

3

PODEROSO INTERCESOR

Si alguien me hubiese dicho que llegaría a enamorarme perdidamente algún día de un sacerdote capuchino con barba y cara de sufrimiento, lo habría considerado una broma de mal gusto; o simplemente habría pensado que estaba como una regadera.

Pero me equivoqué. Y doy gracias a Dios con toda el alma por tan craso error.

«Lo mejor siempre se compra al precio de un gran sufrimiento», proclamaba, convencido, el Padre Pío.

Para que luego escriban libros como *La inutilidad del sufrimiento*, que ha vendido más de 500.000 ejemplares en España. Se dice pronto. Prueba fehaciente de que las listas de *best-sellers* constituyen, como nuestros gobernantes, un espejo fiel de la sociedad. Esos rankings son auténticos barómetros sociológicos de una «ciudadanía» (detesto esa palabra «progre», en boca ya de todo el mundo) que en España, sin ir más lejos, ha renegado de Jesucristo y que huye del sacrificio para entregarse sin freno alguno a los efímeros placeres de la vida.

De ahí, precisamente, arrancan todos los males que padecemos hoy en día: crisis social, política, institucional, económica... y sobre todo moral. Porque, o se está con Dios, o se está con el demonio. No cesaré de repetir a lo largo de estas páginas que no existe término medio, aunque nos quieran hacer creer con altas dosis de «buenismo», faltando a la verdad, que en ese equilibrio inestable se halla la virtud.

Y lo peor de todo es que muy pocos somos capaces de verlo. No porque seamos más guapos o listos que los demás, sino porque en un momento señalado de nuestras vidas fuimos capaces, por la gracia de Dios, de abrir de par en par nuestros corazones a Cristo con un «sí» incondicional.

Yo mismo, que durante más de quince años estuve enredado en los lazos tan ladinamente anudados por Satanás, era incapaz entonces de vislumbrar las tinieblas, sencillamente porque vivía inmerso en ellas.

Ahora, sin embargo, gracias a la infinita Misericordia del Señor y a un acto volitivo personal, sin el cual tampoco sería posible perseverar, lucho por estar siempre a su lado. Y si caigo, que lo hago demasiadas veces, me levanto y vuelta a empezar. La constancia es la madre del cordero.

Estando cerca de Dios es justamente cuando el perverso diablo más me tienta para alejarme de Jesucristo cada vez que puede o más bien yo le dejo, cayendo en la tentación.

Pero Él es tan infinitamente poderoso, que ha vencido al mundo. Él ya siempre me sostiene para que no huya más de su redil y me pierda sin remedio.

Suscribo al pie de la letra lo que dejó escrito mi padre una de las muchas veces que gozó de inspiración:

Siempre pienso lo mismo
por donde voy:
Siendo tan miserable
¡qué grande soy!

Paloma y yo conseguiríamos con nuestro sufrimiento cómplice y sigiloso, sabiendo que amar con dolor son cosas del amor, esa segunda oportunidad que con tanto ahínco perseguíamos.

Conforme fui conociendo al Padre Pío, valoré así cada vez más el gran sentido del sufrimiento. Francesco Forgione, como se llamaba él antes de su consagración al Señor en la Orden de los Frailes Capuchinos Menores, padeció en propia carne la peor de las persecuciones: la de la propia autoridad eclesiástica, que le prohibió confesar y celebrar la Santa Misa en público durante dos interminables años. ¿Cabía mayor oprobio que ése para un sacerdote como él, que se preciaba de amar con locura a Jesucristo?

Parecido acoso, acorralamiento o sutil cacería padecimos en mucha menor medida, claro está, Paloma y yo procedente también de un sector de la Iglesia a la que tanto queremos y por la que tanto rezamos.

Dios sabe bien que tenemos la conciencia muy tranquila en ese asunto y que seguimos tratándolo con suma discreción para no faltar a la santa caridad.

Y entretanto, Paloma y yo no hemos dejado de encomendar a quienes nos infligieron tanto daño, poniendo en riesgo el pan de nuestros hijos, como ella ya ha comentado en el anterior capítulo.

También aludía ella a que conocimos al gran santo canonizado por Juan Pablo II por medio de mi amigo Nacho.

Una tarde de mayo de 2008, él nos invitó a su casa a ver en compañía de su familia la película *Padre Pío*, producida por la RAI italiana y dirigida por Carlo Carlei.

Mientras nos dirigíamos en coche a su domicilio con nuestros hijos Borja e Inés, no pude evitar comentarle a Paloma:

—Menudo rollo que nos espera: la película de un fraile, que para colmo dura casi tres horas y media, ¿qué te parece...?

—Nacho nos ha dicho que es muy buena —alegó ella, para animarme.

—Pues no entiendo cómo te puede gustar la película de un fraile, francamente.

—¡Si todavía no la he visto! —bromeó.

—Parece como si la hubieras visto un millón de veces.

—Ya verás cómo nos lo pasamos muy bien —añadió ella, siempre tan conciliadora—. Además, nos han preparado una merienda-cena muy rica.

—Sería feliz con esa comida viendo una película de John Ford o de Frank Capra, pero de Carlo Carlei, ya me dirás...

Aquella era la prueba fehaciente de que la amistad que nada exigía ni se quejaba era casi siempre una amistad débil.

En el fondo, no soportaba pasarme cerca de tres horas y media frente a un televisor contemplando la vida y milagros de un fraile capuchino. No sentía la menor atracción por los religiosos —frailes y monjas, quiero decir— como consecuencia de la formación recibida en casa desde pequeño.

Tampoco el estado de mi alma favorecía en mí entonces el menor deseo de recrearme con las vidas de los santos, incluida la del Padre Pío.

Como miembros supernumerarios del Opus Dei, mis padres trataron de inculcarme siempre la llamada a la santidad en medio del mundo, mediante el trabajo ordinario bien hecho ofrecido a Dios, sin necesidad de retirarme a un monasterio en algún lugar inhóspito y alejado del común de los mortales.

Pero si algo tenía yo claro entonces era que tampoco iba a ser santo de ninguna forma ni en ningún lado; ni mucho menos viendo aquella dichosa película, convencido de que era el único somnífero que se tomaba por los ojos.

Y al principio no me equivoqué: tras visionar la primera parte, con alguna que otra interrupción provocada por los niños, sólo me gustó algo la banda sonora de Paolo Buonvino y la fotografía de Sergio Sgreva; pero la interpretación de Sergio Castellitto, en el papel del Padre Pío, no logró entusiasmarme lo más mínimo.

Salí de allí, eso sí, con la sensación de haber pasado una noche entrañable en compañía de personas maravillosas. Pero en lo que respecta a la película, no volví a reparar en ella hasta siete meses después, cuando nos volvieron a invitar para ver esta vez las dos partes seguidas, con un intermedio para cenar.

Entonces sí que algo empezó a removerse en mi interior culminando, como el lector ya sabe, el 5 de agosto del año siguiente en la Hospedería del Valle de los Caídos.

Hasta ese momento, yo sólo creía en la suerte y en la casualidad. Pero en cuestión de segundos suprimí esas palabras de mi vocabulario, sustituyéndolas por las de Providencia y Causalidad, con mayúsculas, seguro de que el Señor hacía con cada vida lo que más convenía a ésta, si se confiaba en Él.

He comprobado en multitud de ocasiones los increíbles frutos para el alma que se abandona a la Providencia de Dios. Ya puede uno empecinarse en algo, poner toda la ilusión y esfuerzo en ello, que si Dios no quiere y la persona en cuestión tiene el corazón abierto a su gracia, nunca saldrá adelante. Me ha sucedido esto mismo, como digo, con mucha frecuencia. Y viceversa: proyectos en los que yo jamás hubiese reparado, que un día se hicieron realidad porque el Señor quiso y me ayudó a ejecutarlos.

Él jamás nos falla, sino que nosotros le fallamos a Él, pese a lo cual está siempre esperándonos para abrazarnos con amor infinito, como al hijo pródigo, en el sacramento de la Penitencia. Sabiendo que debemos empezar siempre, como advertía el Padre Pío, por los «peces gordos»: los pecados que más vergüenza nos da confesar.

Recuerdo también, a este propósito, lo que me decía el padre Salvador Hernández Ramón, gran devoto del Padre Pío y exorcista de la diócesis de Cartagena: «José María, una confesión de vida bien hecha equivale a cientos de exorcismos».

Y esa misma confesión, tras más de quince años sin pisar un solo confesonario, era la que pedía a gritos mi alma corrompida por el pecado cuando abandoné la Hospedería del Valle de los Caídos, el 5 de agosto de 2009.

Hasta que no me hinqué de rodillas para pedir perdón a Dios arrepentido de verdad, no supe que el Padre Pío había elegido a un pobre siervo, el último de los últimos, para ayudarle a salvar almas. Me convencí así de que la piedra más firme de la estructura estaba siempre en la parte inferior de los cimientos.

Pero hasta entonces, todo sucedía para mí por casualidad, suerte o azar. Pensaba que igual que había escrito *La maldición de los Borbones*, *Los horrores de la Guerra Civil* o *Bastardos y Borbones*, sería capaz de sacar adelante el libro del Padre Pío. ¡Qué iluso era yo entonces! O mejor dicho: ¡Qué ciego estaba, tanto o más que el pobre Bartimeo del Evangelio!

La segunda vez que logré ver completa la película *Padre Pío*, como decía, quedé tocado, como si un torpedo hubiese impactado desde las profundidades en mi línea de flotación. Aquella misma madrugada, al regresar a casa, navegué con avidez por Internet para saber más cosas de aquel ser excepcional, comprobando que solo un gran hombre como él era capaz de proyectar una gran sombra en la Red.

No me cabía en la cabeza que un periodista como yo, acostumbrado a investigar la actualidad durante más de veinte años en redacciones de periódicos y a remover legajos en archivos para desentrañar la Historia más reciente de España, ignorase la existencia de un personaje tan fascinante que había tenido los estigmas de Jesucristo en manos, pies y costado durante cincuenta años consecutivos, sangrantes a diario, hasta el mismo día de su muerte, acaecida el 23 de septiembre de 1968, como quien dice anteayer.

El Padre Pío era, como le calificaba el periodista italiano Vittorio Messori, «un meteorito de Medievo en el siglo veinte»; a lo que yo matizaría luego que en efecto lo era, pero en pleno siglo veintiuno.

«Daré más guerra muerto que vivo», prorrumpió el santo, ofreciéndose a seguir salvando almas desde el mismo Paraíso. Y desde luego, que a mí ya me había declarado la «guerra» desde Arriba, sin que todavía supiera hasta qué punto el fuego de su amor, y alguna que otra reprimenda, harían mella en mi corazón.

El 26 de febrero de 2009 viajamos Paloma y yo con Nacho y Claudina, su esposa, para visitar al fraile capuchino Elías Cabodevilla en su convento de Pamplona. A esas alturas, y animado sobre todo por Nacho y Paloma, había decidido emprender el proyecto editorial del Padre Pío.

El objetivo del viaje era, además de conocer a un sacerdote muy especial entregado en cuerpo y alma a difundir la figura y espiritualidad de este gran santo por todos los rincones de España e Hispanoamérica, recoger la *Positio* que fray Elías custodiaba con gran celo en su celda y que constaba de seis tomos con un total aproximado de 7.000 páginas.

Entre 1991 y 1996, la Postulación General de los Capuchinos preparó minuciosamente la *Positio*, resumiendo para ello los 104 volúmenes del proceso diocesano de canonización del Padre Pío.

Aquel material de primera mano era un auténtico filón en manos de un inquieto periodista como yo, pues contenía un amplio elenco de curaciones, conversiones, escrutación de corazones, profecías, bilocaciones y otros prodigios atribuidos al Padre Pío por numerosos testigos; además de los tres informes médicos sobre los estigmas y de un análisis grafológico efectuado con un manuscrito del santo. Dinamita pura.

Paralelamente, había decidido ya embarcarme con Paloma y los niños en un viaje a San Giovanni Rotondo, tras las huellas del Padre Pío. Fray Elías contactó luego en Roma con fray Nazario Vasciarelli, ex superior del convento donde vivió el Padre Pío durante cincuenta y dos años consecutivos, y entre los dos me organizaron una privilegiada agenda de entrevistas con personas ya octogenarias e incluso alguna nonagenaria, como la monja de clausura sor Consolata, que trataron durante muchos años al capuchino de los estigmas. Testimonios inéditos la mayoría de ellos, que me servirían para componer un trabajo riguroso y ameno que diese a conocer al santo capuchino en España.

Faltaba ahora convencer a un editor para que apostara por el proyecto, lo cual no era en modo alguno sencillo, pues el Padre Pío, pese a ser más popular en Italia que Cristiano Ronaldo, en España era casi un desconocido.

¿Qué editor iba a arriesgar entonces su dinero en un proyecto de tan inciertas perspectivas?

Pensé mucho en ello durante esos días, concluyendo que si el Padre Pío quería realmente que se publicase su libro, él mismo se encargaría de abrir la mejor puerta.

Una de aquellas noches, me acosté decidido a plantearle el proyecto a José Pedro Manglano, sacerdote del Opus Dei que dirigía la colección Planeta Testimonio y a quien había invitado alguna vez a almorzar en mi casa.

La verdad es que me atraía la posibilidad de que el Grupo Planeta, el más importante de España, se lanzara a publicar el libro con una red de distribución tan impresionante como la suya.

Pero a la mañana siguiente me desperté convencido de que debía proponerle el proyecto a Álex Rosal, fundador y director de la misma colección que Manglano, al frente ahora de su propia editorial, LibrosLibres, «pequeña pero «matona», como recalcaría yo luego.

También había almorzado con Álex en alguna ocasión, pero ninguna de las iniciativas que barajamos entonces llegó a concretarse jamás. ¿Tendría ahora más éxito la del Padre Pío? No sé explicar por qué, pero esta vez intuía que sería diferente y que podríamos llegar a un acuerdo.

Nacho le conocía también y concertó una cita con él y su mano derecha en la editorial, Carmelo López-Arias.

Paloma y Claudina estuvieron presentes también en aquella histórica reunión celebrada a mediados de marzo de 2009, en la que yo tomé la palabra al principio para explicar el proyecto en líneas generales, durante unos veinte minutos.

Álex permanecía en completo silencio; era imposible adivinar por su ademán inexpresivo, adornado con algún leve bostezo, lo que en realidad pasaba por su cabeza.

Terminada mi exposición, me relevó él en el uso de la palabra. Y lo primero que dijo nos convirtió a todos en estatuas de sal:

—Debéis saber —comentó con gesto circunspecto— que hace diez años le prometí al Padre Pío publicar un libro suyo. Lo he intentado varias veces sin éxito. Y ahora venís vosotros a proponerme uno que será sin duda un *best-seller*. Además, quiero que sepáis que tengo encomendado al Padre Pío el presente y futuro de mi editorial. ¿Qué más puedo deciros...? ¡Pues os digo que adelante!

Nacho y yo nos miramos con estupor y cruzamos enseguida una sonrisa cómplice. Era la señal inequívoca de que el Padre Pío deseaba un instrumento suyo que conquistase más almas para el Señor en esta tierra de María que había dado la espalda a su Hijo.

Pero elaborar ese libro iba a costar sangre, sudor y lágrimas...

4

TRATAMIENTO DE CHOQUE

Nunca había visto llorar así a Chema. Tuve la sensación de que hubiese retenido sus lágrimas durante años enteros y que de pronto, sin una explicación lógica en apariencia, empezara a derramarlas todas juntas, como una diminuta catarata, en el transcurso de una hora que se me hizo interminable.

Era impresionante verle así, la verdad, bañado literalmente en lágrimas. Hasta el punto de que me dije: «Esto es algo sobrenatural».

Recordé entonces el sueño que había tenido el mes anterior con el Padre Pío mientras me conducía del brazo hasta el Sagrado Corazón de Jesús, que sangraba como un cordero degollado. El Cordero de Dios que quita los pecados del mundo.

El propio Chema admitió luego que no había llorado tanto tiempo seguido ni con semejante intensidad ni tan siquiera cuando fallecieron sus padres.

Al término de la charla de María Livia, nuestro amigo Nacho le confesó que al verle así tuvo la convicción profunda de que el acto se había organizado exclusivamente para él. Bendito privilegio.

Quién iba a decirme además que Chema, quien durante la charla me había distraído continuamente con sus comentarios jocosos, burlándose incluso de las estampitas que llevaba conmigo, incluida la del Padre Pío, iba a terminar como lo hizo, removido por dentro como recién salido de una centrifugadora.

Me asusté al ver a la gente caerse hacia atrás cuando María Livia les impuso las manos. Al principio, me negué a colocarme en la fila, pero al ver que Chema y Borja lo hacían también, me situé junto a ellos un tanto resignada, con Inés.

La vidente me puso la mano en el hombro y no sentí que me fuera a desplomar; sí noté, en cambio, un calor agradable cuando posó su mano en mi cabeza. Estuvo muy poco tiempo con nosotras; al contrario que con Chema y Borja.

Presencié cómo él le entregaba a ella su mensaje escrito, cuyo contenido entonces ignoraba. Me emocionó muchísimo ver cómo María Livia les imponía a los dos las manos simultáneamente, primero en el hombro y luego en la cabeza, durante casi diez minutos que me parecieron eternos comparados con los que ella dedicó al resto de los asistentes.

Aun así, yo no experimenté conversión alguna aquella tarde, aunque me afectase mucho lo que acababa de sucederle a Chema y creyese sinceramente que la Virgen se le había aparecido a aquella buena mujer.

Mi verdadera conversión se produjo al día siguiente, mientras paseaba con Chema alrededor de la piscina de la urbanización de Parquelagos donde entonces veraneábamos.

Eran las diez de la mañana del jueves, 6 de agosto. Acababan de abrir el recinto ajardinado y todavía no habían llegado los vecinos, excepto nosotros y el socorrista, que recogía del agua los últimos insectos que flotaban en ella.

Chema me previno entonces con el gesto y el tono de voz inconfundibles de los momentos trascendentes:

—Palomita, tengo que comentarte algo...
—Tú dirás... —titubeé, como diciendo: «Nena, prepárate».
—Lo de ayer me ha dado mucho que pensar.
—Supongo. ¿Y qué has pensado...?
—Lo primero, que debemos confesarnos.
—Me parece acertado.
—Creo que en mi caso, tras más de quince años, ha llegado el momento oportuno de hacerlo, ¿no te parece?
—Pues yo también llevo unos cuantos. ¿Y lo segundo...? —añadí, intuyendo que ahora venía lo bueno.

—Ya sabes que cuando uno se confiesa, además del examen de conciencia y del arrepentimiento, es imprescindible tener propósito de enmienda.

—¿Y qué quieres decir con eso?

—Pues que tú y yo no podemos seguir durmiendo juntos, ya sabes...

—¡Cómo dices! —exclamé, indignada, como si acabasen de clavarme a traición un dardo envenenado con una cerbatana.

—Palomita, te quiero mucho.

—¿Me quieres y eres capaz de imponerme eso? —inquirí, ofendida.

—¿Crees que a mí me apetece hacerlo?

Apreté el paso para distanciarme de él, tan rabiosa como estaba. Separarme de Chema tras diez años compartiendo lecho, aunque siguiésemos viviendo bajo el mismo techo en habitaciones separadas, era peor que si me condenasen a galeras de por vida. Me resistí a aceptarlo, rebelándome sobre todo para mis adentros.

—Aguarda un momento, mujer —dijo él, intentando cogerme la mano que yo retiré enseguida, fruto del berrinche—. ¿Quieres escucharme? —me rogó.

—¿Vas a insistir en lo mismo? —repuse altiva.

—Debo hacerlo.

—¡Vaya! Quién iba a decirme que tú ibas a ser capaz de proponerme algo semejante...

—No es broma, cariño: si seguimos así, nos vamos derechos al infierno.

—¿Y me quieres explicar qué les decimos ahora a nuestros hijos? Alucinarán en colores en cuanto me vean largarme con los bártulos a otra habitación.

—Me voy yo.

—De eso nada.

Chema poseía una astucia innata para reconducir la menor desavenencia al terreno que él pisaba, sin que al principio yo reparase en ello.

—Podemos decirles —sugirió— que como debo entregar el libro el 1 de septiembre, no tengo más remedio que madrugar y no quiero despertarte. Luego ya veremos...

Y eso mismo fue lo que hicimos. Nuestros hijos lo entendieron perfectamente. Aquella misma mañana, cogí todo lo necesario y me instalé en otro dormitorio al fondo del pasillo. Ahora estaba triste, en lugar de enfadada. Pero recé con el corazón al Padre Pío y muy pronto hallé su tierno consuelo.

Supe entonces que la conversión de Chema llevaba aparejada la mía. Hacía un año que yo había obtenido mi nulidad matrimonial, pero él todavía luchaba con denuedo por la suya. Casi nueve largos años cargados de sufrimientos, desde que la puso en marcha, no le habían hecho perder de milagro la esperanza de casarse conmigo algún día como Dios mandaba.

Por la tarde, fuimos juntos a Santa María de Caná, en Pozuelo de Alarcón, para confesarnos después de tantos años en los que tampoco habíamos comulgado para no ofender todavía más al Señor.

A Chema le inspiraban entonces más confianza, por su propia formación religiosa, los sacerdotes del Opus Dei. Y en Santa María de Caná seguramente encontraríamos alguno que pudiera ayudarnos.

Llegamos allí alrededor de las seis. Había, en efecto, un sacerdote que parecía estar aguardándonos. Chema entró en su despacho, mientras yo esperé fuera durante casi dos horas. No voy a contar yo, como es lógico, su confesión porque la desconozco; pero aunque él me hubiese referido algo sobre ella, creo más apropiado que relate lo que pueda y quiera en el próximo capítulo.

Sólo diré que el sacerdote me pareció un ángel. Yo llevaba más de una década sin confesar y me ayudó con una paciencia encomiable a hacer el largo y prolijo examen de conciencia. Salieron a relucir sapos y culebras, como el lector puede imaginarse. Empezando por todas las ocasiones en las que, sin estar casados como Dios manda, nos habíamos entregado el uno al otro, aunque fuese con amor y respeto.

Lloré yo esta vez como nunca lo había hecho en toda mi vida; sentí un dolor inmenso en el corazón por haber ofendido a Dios tantísimas veces y siempre con indiferencia.

Las heridas del alma se me abrieron en carne viva, pero en cuanto me arrodillé para recibir la absolución, noté que todas esas llagas empezaban ya a cicatrizarse. No puedo describir con palabras el estado de mi alma en aquel momento. Fue como si volviese a nacer. Y ciertamente acababa de renacer a la gracia del Señor. ¡Cuánta paz, Dios mío, me diste aquel día!

Percibí entonces la sonrisa del Padre Pío y resonaron en mi cabeza sus mismas palabras, pronunciadas en la sacristía de la Concepción de Goya: «Tranquila. Todo se te va a solucionar».

Entretanto, no me resultaba sencillo vivir con Chema como si fuese mi hermano, en habitaciones separadas, cuando además teníamos en común dos criaturas maravillosas. Pero ambos nos convencimos de que valía la pena hacer ese heroico sacrificio si luego Dios, con su infinita Misericordia, se apiadaba de nosotros dándonos una segunda oportunidad. A diferencia del héroe antiguo que afrontaba la muerte, nosotros éramos entonces héroes modernos que aceptábamos la vida.

Debíamos pedirle también a la Santísima Virgen que nos fortaleciese en la virtud de la pureza. A nuestra Bendita Madre que, como decía el Padre Pío, era quien concedía todas las gracias. Y en concreto, a la Virgen de las Nieves, que tantas alegrías, en medio de tantos sufrimientos, nos tenía reservadas desde el 5 de agosto.

Me sentía ya junto a Ella al pie de la Cruz. Y era allí, en lo alto del Gólgota, donde Chema y yo íbamos a ser plenamente felices.

Con razón, el Padre Pío decía que los ángeles sólo nos envidiaban por una sola cosa: porque ellos no podían sufrir por Dios. Claro, que el Padre Pío, con su elevado grado de santidad, llegaba incluso a afirmar: «Sufro solamente cuando no sufro». Y no era precisamente masoquista.

Parecería que estoy relatando el cuento de *Alicia en el país de las maravillas* si no añadiese que el demonio seguía rondándonos con insistencia para que arrojásemos la toalla. Con frecuencia, tenía así la sensación de que nunca conseguiríamos estar felizmente casados porque Chema jamás obtendría su nulidad matrimonial. Era un temor que a menudo me atormentaba.

De hecho, su procedimiento dormía aún el sueño de los injustos en un cajón del Tribunal de la Rota desde hacía más de dos años, sin que nadie absolutamente se hubiese tomado la molestia de revisarlo en todo ese tiempo.

El demonio sembraba así en mí una permanente incertidumbre, induciéndome a perder la paz y la confianza en Dios.

Cada vez que experimentaba esa tremenda desazón, rezaba la novena del Padre Pío y recuperaba la esperanza y la paz casi de inmediato. Así, una y otra vez el Padre Pío me socorría en los momentos de mayor peligro y desolación.

5

HIJO PRÓDIGO

La tarde de mi conversión, aunque enseguida sabría que la auténtica conversión era la de todos los días, empezando por el ofrecimiento de obras al Señor nada más despertarme, mi cabeza bullía como una olla a presión.

Era como si mi vida entera se proyectase en fotogramas deslavazados en la diminuta pantalla de mi cerebro. Mi infancia, adolescencia, juventud, y sobre todo la etapa adulta en la que me hallaba inmerso se entremezclaban con el estupor, la vergüenza y el dolor incontenibles.

Me embargaba, al mismo tiempo, la amargura de haber arrojado por la borda años enteros de mi vida que podía haber dedicado a ser un poco mejor cada día para ayudar a los demás a serlo también, en lugar de vivir intentando ser el centro de atención de todas las miradas; o sea, volcado en mí mismo y en los placeres de la vida, en todo lo material que tarde o temprano sucumbía con el paso implacable del tiempo.

Pero, tratando de animarme un poco, personalicé el conocido proverbio: «Chema, nunca es tarde si la dicha es buena»; convenciéndome de que el tiempo era el mejor autor porque siempre encontraba un final perfecto.

No era efectivamente un mozalbete con cuarenta y siete años, pero todavía podía dar todavía mucha guerra, parafraseando al Padre Pío.

Repasar los pecados de omisión me resultaba una tarea casi imposible entonces. Así que ejercité mi memoria, imbuido por el Espíritu Santo, tratando de recordar las ofensas más graves de las que tenía constancia. ¡Pero me daba tanto rubor y apuro confesarlas...! Eran muchas y graves; esos «peces gordos» a los que ya me he referido en otro capítulo, que debía expulsar cuanto antes por la boca de mi alma, como decía el Padre Pío, para que la gracia del Señor reparase con urgencia mis heridas abiertas.

Llegamos aquella misma tarde, Paloma y yo, a Santa María de Caná dispuestos a abrir nuestros corazones en el confesonario. Nada más asomarme al despacho parroquial, a la derecha de la entrada, vi a un sacerdote que departía de pie con la que parecía ser una secretaria sentada a una mesa.

Su rostro me resultó familiar. Pregunté enseguida si podía confesarme. «Esto es un atraco», pensé. Bendito atraco, desde luego. Él asintió sin problemas y me hizo pasar a otra salita donde nos acomodamos en sendos sofás.

Le dije previamente que Paloma también deseaba confesar después, y tampoco puso el menor reparo: «Los sacerdotes estamos para eso, y encima lo hacemos gratis», bromeó.

¡Pobre curita! ¡Si hubiese sabido lo que le esperaba conmigo, seguramente habría echado mano de algún reconstituyente!

Pero pronto pude comprobar que, pese a su juventud, estaba curado de espantos, nunca mejor dicho.

Había estudiado, como yo, en el colegio Retamar, obra corporativa del Opus Dei. De ahí que recordase su cara, pese a pertenecer a una promoción unos cuantos años anterior a la mía. Me pareció haberle visto corretear por el patio del colegio en uniforme de verano con pantalón corto y polo azul celeste, pero ahora le tenía delante de mí vestido de rigurosa sotana. Milagros del Señor.

Empecé por contarle con detalle lo que me había sucedido la víspera en el Valle de los Caídos y se convenció enseguida de que yo había vivido una experiencia sobrenatural. El fruto, desde luego, saltaba a la vista: estaba allí para rendir cuentas a Dios después de quince años, y resultaba palmario que el diablo jamás tiraba piedras contra su propio tejado.

Acto seguido, le descifré parte del contenido del mensaje destinado a María Livia y, en última instancia, a la Virgen: «Una intención personal que puede cambiar mi vida...».

Esa intención, como ya sabrá el lector, era la nulidad de mi matrimonio por la que llevaba luchando, sin darme por vencido, durante nueve largos años.

En el fondo de mi conciencia estaba plenamente convencido de que no había existido tal matrimonio, pese a la ceremonia celebrada ante el altar en enero de 1991. Precisamente, en la ausencia del vínculo matrimonial radicaba el hecho de que un matrimonio fuese declarado nulo.

No voy a revelar ningún detalle de mi separación, divorcio y nulidad por respeto, como es natural, a la intimidad de terceras personas. Por nada del mundo deseo faltar tampoco a la caridad en este delicado asunto. Pero sí puedo afirmar que viví desde el día de mi «boda» y de la parafernalia que la rodeó un auténtico calvario que carecía para mí de una explicación humana y que sólo a raíz de mi conversión cobró todo el sentido del mundo.

Vislumbré entonces con claridad meridiana que debí soportar toda esa cadena de aflicciones para poder pasar de la oscuridad a la luz. Sólo cuando mi corazón estuvo maduro, el Señor, por medio de la Santísima Virgen y del Padre Pío, actuó en mi alma con su infinita Misericordia. Sólo entonces pude dar gracias a Dios por toda esa purificación sin la cual difícilmente me hubiese desplomado del caballo mundano, como el apóstol Pablo, con la fuerza que lo hice. Sólo entonces, como digo, pudieron encajar una a una las piezas sueltas del puzle de mi vida. Sólo entonces y no antes, insisto, comprobé en propia carne que los plazos del Señor son inescrutables, como sus designios.

De aquel matrimonio que no existió nacieron dos hijos queridísimos, por quienes rezo todos los días.

El 5 de agosto de 2009 entendí, entre otras cosas, por qué mi hijo mayor, de sólo cinco años, estuvo al borde de la muerte a causa de un cáncer y agradecí al Señor con todas mis fuerzas haberle salvado la vida.

Jamás borraré de mi memoria, ni mucho menos de mi corazón roto de padre, los cinco meses que pasó el pequeño ingresado en una clínica madrileña sometido a la más despiadada quimioterapia que le dejó su cabecita pelada.

Iba a verle todos los días, al salir del trabajo, y permanecía horas enteras rezando por su curación al pie de su cama o recorriendo de un lado a otro el pasillo de la planta de oncología pediátrica. Aunque estuviese alejado de Dios, jamás perdí la fe ni la esperanza.

Recuerdo el día en que debía pasar el mes de verano conmigo, tras la separación de sus padres; su hermana era aún muy pequeña para incluirla en el régimen de visitas, a criterio del juez. Me tocaba trabajar el mes de julio entero en el periódico *El Mundo*. Pero aun así, tuve que ir a recogerle en coche a la ciudad donde vivía con su madre, para regresar con él aquel mismo día a Madrid.

Su madre bajaba con él hasta el portal y acto seguido subíamos los dos al vehículo aparcado junto a la acera para emprender, sin descanso alguno por mi parte, el largo camino de vuelta.

Solía hacer así sin interrupción, con motivo de las vacaciones de verano, Navidad o Semana Santa, un trayecto de ida y vuelta en coche de más de un millar de kilómetros.

Recuerdo una de aquellas tardes en las que salí de trabajar sobre las ocho. Subí al coche y al cabo de un rato de circular por la carretera observé que empezaba a oscurecer. Los ojos se me cerraban de cansancio. Creí lo más sensato detener mi automóvil en una estación de servicio para echar una cabezada antes de proseguir el viaje.

Por increíble que parezca, pasando por alto que sus padres vivíamos en ciudades tan distantes, el juez dispuso un régimen de visitas de fines de semana alternativos que me fue imposible cumplir a rajatabla. Tomar la carretera para estar allí con mis hijos el sábado por la mañana, suponía viajar casi toda la noche, pues los viernes no salía de trabajar antes de la diez.

Por si fuera poco, al día siguiente, domingo, debía regresar a Madrid no muy tarde para evitar las retenciones a la entrada de la ciudad. Aun así, fui a verles algunos fines de semana en coche y otros, los menos, dado que mi bolsillo entonces no me lo permitía, en avión.

Pasaba ya entonces una pensión mensual de alimentos que todavía hoy, al cabo de más de dieciocho años desde nuestra separación, a finales de 1995, jamás he dejado de ingresar actualizada con el índice de Precios al Consumo (IPC) anual, como en justicia corresponde.

Una vez en Madrid, aquel mes de julio me vi obligado a dejar a mi pobre hijo en un jardín de infancia, junto a la redacción del periódico, porque nadie más que yo podía ocuparse de él entonces. Me daba toda la prisa del mundo en acabar mis tareas diarias, anhelando volver a estar con él.

El bultito que tenía en el cuello cuando fui a recogerle a su casa me inquietó desde el principio. Gracias a Dios, le llevé enseguida a la pediatra que se ocupaba de él mientras vivíamos juntos en Madrid. En cuanto lo observó, me dijo que a ella tampoco le gustaba esa protuberancia y que debía examinarla cuanto antes un especialista en algún hospital.

Obedecí enseguida y, tras los preceptivos análisis, diagnosticaron a mi hijo un linfoma no Hodgkin de alto grado. Nunca olvidaré la rotundidad con que el pediatra oncólogo, nada más verificar el diagnóstico, me dijo: «Si llegas a tardar una semana más en traerle, tu hijo hubiese muerto».

Es curioso, pero mientras traigo a colación estos dolorosos recuerdos de mi vida, tengo la sensación de confesarme con el lector, en lugar de hacerlo con un sacerdote. Y en cierto modo es así. Debo aclarar que me limito a obedecer al director espiritual que me insistió para que relatase mi conversión y todo lo que me condujo hasta ella, convencido de que serviría para acercar almas a Dios, mientras me advertía también de que lo hiciese con cautela para no herir sensibilidades ni despertar suspicacias, siempre con caridad. El Señor sabe muy bien que no me mueve ningún otro propósito.

Aquella tarde, resumí al sacerdote de Caná lo mejor que pude mi proceso de nulidad, explicándole por qué decidí ponerlo en marcha a principios del año 2000. Más adelante, me extenderé sobre este otro episodio trascendental de mi vida, desencadenado tras la muerte de mi madre.

Pero sí añadiré ahora que caí en manos de un abogado que trató de sacarme los cuartos desde el principio, induciéndome para colmo a esgrimir como causa de nulidad una que en conciencia no lo era, con el espurio propósito de conseguir una sentencia favorable lo más rápido posible. Huelga decir que acabé recusándole.

Pese a todo, el letrado se salió al final con la suya y el tribunal eclesiástico declaró nulo el matrimonio en primera instancia. Era una situación muy cómoda para mí, pues me dejaba las manos libres para casarme en el futuro con Paloma, el gran amor de mi vida. Pero recurrí la sentencia, sencillamente porque no reflejaba la verdad.

¿Qué sentido tenía engañarme, acatando una sentencia que en el fondo de mi conciencia sabía que no era veraz? Para eso, con el divorcio me hubiese bastado.

Pero yo tenía la firme convicción de que el matrimonio era un sacramento y de que sólo si lograba demostrar con la verdad que no había existido vínculo alguno, cobraría sentido todo el empeño que pusiera en esa compleja singladura eclesiástica.

De modo que redacté una carta dirigida al decano de Tribunal de la Rota argumentándole por qué, en mi opinión, el veredicto no respondía a lo que en verdad sucedió; entre otras razones, porque el tribunal no había considerado en su sentencia ninguna de las dos pericias psiquiátricas, obviando la declaración de algunos testigos y omitiendo también partes importantes de las de otros.

Recibí respuesta al cabo de unos meses. Tras revisar minuciosamente la sentencia en primera instancia, el Tribunal de la Rota de Madrid no confirmó esa decisión por el proceso abreviado —previsto para los casos más evidentes—, sino que decretó la necesidad de una ampliación de pruebas mediante el proceso ordinario en segunda instancia. La complejidad del caso requería una instrucción más detallada, con nuevos testigos y pruebas periciales.

Desde el principio, fue un camino sembrado de espinas, que ahora ya sé por qué razón debí recorrerlo entero aun estando descalzo.

A lo largo de la senda, Fernando, mi amigo del alma, me animó a no darme por vencido. Sobre todo, el día en que expiraba el plazo para presentar unos papeles en el Tribunal de la Rota, sin los cuales el proceso hubiese quedado suspendido *sine die*.

Esa misma mañana, telefoneé a Fernando para desahogarme con él y decirle que no pensaba comparecer porque estaba ya harto de tantas incomprensiones y obstáculos que serían ahora prolijos de explicar. Faltaban apenas dos horas para que venciese el plazo y él, inspirado sin duda por el Paráclito, pulsó la tecla oportuna en el momento decisivo:

—Vete ahora mismo allí, Chema —me exhortó—: que jamás puedas recriminarte en conciencia que no lo intentaste más allá incluso del límite de tus propias fuerzas.

Fernando era un buen amigo para el cual mi vida no tenía secretos y que, a pesar de todo, me apreciaba.

Gracias a Dios, que se sirvió de él aquel día, insisto, acudí *in extremis* a la Rota para seguir adelante con aquel martirio del que tanto fruto obtendría.

Conseguí un nuevo abogado que nada tenía que ver con el primero. El psiquiatra que me examinó en primera instancia, con el cual entablé luego una cordial relación, me lo recomendó vivamente.

Solicité en la Rota el llamado «patrocinio gratuito», alegando que no tenía recursos económicos suficientes para financiar el proceso y, tras las oportunas comprobaciones de índole laboral y fiscal, se me concedió.

Mi sueldo entonces sólo alcanzaba para pagar la pensión a mis dos hijos mayores, ocuparme de las necesidades de Borja e Inés, cubrir la hipoteca y los demás gastos de la casa, y por supuesto comer, entre otros asuntos perentorios.

Significaba eso que el abogado que yo solicité me salía gratis, al contrario que el primero, y que sólo debía pagar las tasas del tribunal, que era una cantidad asumible para mi modesto bolsillo.

Digo esto porque mienten como bellacos quienes aseguran que sólo los millonarios o los famosos pueden conseguir la nulidad eclesiástica. De hecho, ni yo era famoso entonces, ni mucho menos millonario; e igual que yo, otras personas que conozco, algunas de las cuales han obtenido también felizmente la nulidad que tanto anhelaban.

Además de relatarle algunos pormenores de mi particular odisea en la Rota, el sacerdote me ayudó aquella tarde en Caná a completar con sus preguntas y aclaraciones el examen de conciencia que ya había empezado a hacer la noche anterior.

Llegamos así juntos a la triste conclusión de que yo había faltado reiteradamente durante los últimos quince años contra todos y cada uno de los diez mandamientos de la Ley de Dios, incluidos los siete pecados capitales. Era, lo que se dice, un auténtico angelito; o más bien, un prodigio de pecador. Y es que quince años sin pisar un confesionario, créanme, dan para cometer demasiadas barbaridades.

Si de algo podía estar orgulloso era de ser como el hijo pródigo, a quien el Señor volvía a abrazar con su infinito Amor en cuanto le pedí perdón de corazón hincado de rodillas en aquel despacho.

Tuve la sensación de volar como las águilas, aliviado por el peso muerto de mis pecados, después de tanto tiempo arrastrándome por el fango como un reptil.

La «dieta espiritual» surtió efecto de inmediato: la mirada volvió a resplandecer de paz y felicidad, a juego con una sonrisa abierta que durante demasiado tiempo había borrado de mi boca.

—¿Te das cuentas de que al llegar aquí no sonreías? —observó mi confesor, con agudeza, al contemplar entonces mi rostro radiante.

Volví a reparar, igual que en la Hospedería del Valle de los Caídos, en que se había formado en el suelo un pocito regado con mis glándulas lacrimales, experimentando así de nuevo que después de la propia sangre, lo mejor que podía ofrecer un cristiano era una lágrima.

El Señor me había concedido el don de lágrimas desde mi conversión, como al Padre Pío. Desde entonces, todas las veces que le recibía en la Sagrada Eucaristía, con su Cuerpo, Sangre, Alma y Divinidad, era incapaz de reprimir el llanto; así que no tuve más remedio que proveerme de un paquete de clínex, o pedírselos uno tras otro a Paloma cada que vez que estábamos en Misa.

Cuando creí que todo había concluido y me dispuse a despedirme del sacerdote, él me detuvo:

—Siéntate un momento.

—Sí, claro —dije yo, con aire extrañado, pensando: «¿Qué querrá ahora, si ya me ha dado la absolución, aunque fuese un milagro?».

—Verás —anunció, como el que está en posesión de un gran secreto—: quiero que sepas que soy amigo del decano de la Rota y que voy a quedar con él para desayunar en cuanto se abra el Tribunal, en septiembre. Pienso hablarle de tu caso y averiguar por qué lleva más de dos años guardado en un cajón, como me has dicho.

No daba crédito a lo que acababa de escuchar. Pero sabía ya que las casualidades habían dejado de existir para mí desde el día anterior. Había prometido a la Virgen de las Nieves rezar el Santo Rosario todos y cada uno de los días de mi vida, hasta mi muerte, para que le arrancase al Señor esa segunda oportunidad que cambiaría para siempre el sentido de mi existencia y la de Paloma.

Y era indudable que Nuestra Bendita Madre del Cielo había empezado a hacer ya los deberes de su hijo pródigo.

6

LA CORAZA

En agosto de 1999, antes de conocer a Chema, llevaba apenas cuatro meses separada de quien yo estaba plenamente convencida que no era mi marido.

Vivía muy triste y desconsolada. Los años de convivencia, sembrados de constantes sufrimientos e incomprensiones mutuas, me habían dejado casi en los huesos, consumida. Llegué a pesar cuarenta y siete kilos, con metro sesenta de estatura aproximadamente.

Cada vez que me miraba al espejo me veía más escuálida. Fumaba para colmo como una carretera, un cigarrillo tras otro de *LM*.

El sentido de mi vida lo encarnaba ya sólo mi único hijo de dos años, con quien residía entonces junto con una hermana soltera en casa de mis padres, en un chalecito adosado en el pueblo de Guadarrama.

Tras seis años de supuesto matrimonio, desde que nos «casamos» en la madrileña parroquia del Inmaculado Corazón de María, mi autoestima había caído por los suelos; no me quedaban ya fuerzas para seguir luchando por una relación que era insostenible. Así que tomé la única salida que me quedaba: irme con lo puesto a casa de mis padres. Me importaba un bledo el dinero. No estaba dispuesta a reclamarle a él ni una sola peseta de entonces, como tampoco deseaba interponer demanda alguna de separación en un juzgado.

Sólo quería vivir en paz, sin sentirme acosada tampoco por alguien que continuamente me reprendía por llevar una falda dos dedos por encima de las rodillas o arreglarme como todo el mundo para salir a la calle.

Fue mi madre la que, con un mínimo de sensatez, lo reconozco, me hizo recapacitar un día sin andarse por las ramas:

—¡Pero tú estás loca! —exclamó—. ¿Quieres explicarme cómo vas a hacerte cargo del niño sin un duro? Tienes que hacer las cosas bien.

—Pero mamá, yo sólo quiero vivir tranquila con él —alegué, hastiada de la vida.

—Pues entonces haz lo que yo te digo —advirtió.

Le hice caso y arreglamos legalmente nuestra nueva situación.

Durante mi supuesto matrimonio, no íbamos ni siquiera a Misa los domingos porque él se oponía; tampoco yo en aquel momento era muy consciente de la gravedad de incumplir el precepto dominical, pero conservaba esa inquietud espiritual que me hacía invocar a Dios y a la Virgen casi a diario para que me ayudaran.

De hecho, sólo la gran fe que el Señor me había regalado desde niña me ayudó a sobreponerme en casa a situaciones espantosas, sobre las que por un mínimo de recato y para no faltar a la caridad, evitaré entrar en detalles.

Tan sólo diré que con catorce años me vi obligada a abandonar los estudios, como consecuencia de mis vivencias en casa desde que tenía doce.

Una tarde, me fui sola a nuestra parroquia de Los Doce Apóstoles, en la calle Velázquez, para implorarle al sacerdote, mientras lloraba a lágrima viva, que me dejase dormir allí. Con eso creo haber dicho bastante.

Cada domingo, desde que me «casé», me despertaba a las seis y media de la mañana para trabajar. A las siete empezaba ya a montar el puesto de ropa en el Rastro y antes de que llegase él, para que no me viera, me iba a la Iglesia de San Isidro a rezar un rato. Oraba delante de las imágenes de la Virgen y de Santa Gema Galgani, a la que profesaba también gran devoción; sobre todo, cuando me quedé embarazada de mi único hijo con él, a finales de 1996. Había tenido un aborto natural el año anterior y tenía mucho miedo de que otra vez pudiese sucederme lo mismo.

La verdad es que no sé cómo pude quedarme encinta, porque él no quería tener hijos entonces: utilizaba el preservativo, pese a que yo me oponía siempre que podía. Por mi parte, jamás le hice caso, pese a su insistencia, y no tomé un solo anticonceptivo.

Creía a pies juntillas que uno de los principales fines del matrimonio, que para mí era un sacramento como la copa de un pino, era la procreación y educación de los hijos.

Estaba muy asustada, como digo, ante mi segundo embarazo. De hecho, ingresé con pérdidas en la clínica Cisne, de la calle Eduardo Dato, donde nacería también providencialmente Borja, tres años después.

Pero entonces, la situación fue por desgracia muy diferente. Mientras Chema durmió conmigo la víspera del parto, sin separarse tampoco de mí durante todo el tiempo que éste duró, en aquella primera ocasión debí permanecer completamente sola la noche entera, avisando cada dos por tres a la enfermera, muerta de miedo porque no paraba de perder sangre.

¡Dios mío, sólo Tú sabes que fuiste mi único consuelo entonces! ¡Cuánto recé aquella noche que pasé en vela! Fue la peor madrugada de mi vida. Pero el Señor me escuchó: al día siguiente, pude regresar a casa obligada a guardar reposo absoluto durante varios días por indicación del tocólogo.

Sin estar repuesta del todo, debí cargar cajas de ropa para venderla en el Rastro cada domingo, hasta poco antes del parto.

Trabajé durante esos meses como una auténtica burra, sin dejar de atender por supuesto las tareas domésticas.

Bautizamos a nuestro hijo el 14 de diciembre de 1997, casi cuatro meses después de nacer, porque a su padre le daba igual que recibiese o no el agua sacramental. Sólo mi insistencia y la de su familia, en especial la de su tía, hicieron posible que la criatura renaciese aquel día a la vida divina como hijo de Dios.

Debo advertir al lector de que, antes de tomar la decisión de separarme, hablé largo y tendido con mi padre, un hombre de fe que me ayudó siempre a no perderla pese a todas las vicisitudes en contra.

Su opinión pesaba mucho en mí. Era una persona muy inteligente, sensata y comprensiva, que hacía gala siempre de un admirable sentido del humor pese a verse limitado desde los seis años a causa de la polio, que le obligaba a llevar bastón y a calzarse unas botas especiales para caminar.

Como doctor Ingeniero de Caminos, tenía la cabeza perfectamente amueblada. Era el jefe de proyectos de la constructora Fomento de Construcciones y Contratas (FCC), el buque insignia del imperio empresarial de las hermanas Alicia y Esther Koplowitz.

Cada mañana, le recogía un chófer de la empresa a la puerta de casa para llevarle a su despacho, en la calle del General Perón.

Era un hombre afable y de gran cultura, con quien Chema disfrutaba tardes enteras fumándose con él un habano en el salón de casa mientras charlaban sobre la Guerra Civil española o la dinastía de los Borbones; otras veces, mi padre le contaba cómo había construido las mejores autopistas de España, orgulloso también por no haber aceptado jamás una sola comisión.

Yo le admiraba profundamente y sobre todo le quería, le quería muchísimo. Si él no hubiese estado a mi lado, como el Señor lo estuvo siempre, animándome con su vivo ejemplo de fe, superación y pundonor, no sé qué habría sido de mí.

Me insistió al principio, con toda su buena voluntad, para que recapacitase. Quería salvar mi matrimonio a toda costa, como él hizo con el suyo. Pero mi decisión era ya firme.

Una tarde de domingo, mientras merendábamos, le comenté:

—Papá, ¿no recuerdas ya que el mismo día de mi boda me viste bajar llorando por las escaleras de casa?

—Sí, hija. Estabas muy emocionada.

—No, papá —le corregí—. Lloraba porque sabía que no iba a ser feliz en ese matrimonio.

—Pero te casaste y ahora debes apechugar —advirtió él, sin contemplaciones.

—No puedo, lo siento.

—Debes hacerlo, aunque sólo sea por tu hijo.

—Pero si ya lo he intentado, papá, y no tengo más fuerzas... —le supliqué.

—Hazlo por él —insistió su abuelo.

—¿Crees, de verdad, que cuando él crezca será feliz viendo cómo sus padres no lo son? —alegué.

—Aun así, creo que debes meditar mejor tu decisión.

—Te juro que ya lo he hecho mil veces.

—¿Y estás realmente segura de que no hay solución?

—Te diré más, papá: estoy convencida de que él no es mi marido a los ojos de Dios. Elegí casarme con ese hombre para salir del purgatorio, sin saber el infierno que me esperaba con él.

Mi padre ignoraba casi todos mis sufrimientos en casa y fuera de ella. Jamás se los había contado por un mínimo de pudor; en caso de haberlo hecho, me hubiese muerto de vergüenza. Eran cosas horribles que, sin la protección del Señor y de la Santísima Virgen, me habrían conducido a la perdición.

Días después, telefoneé a mi padre para que me acompañase a hablar con un sacerdote antes de dar el paso definitivo. Buscaba el consejo de un hombre de Iglesia, pues para mí, insisto, el matrimonio era un sacramento.

Fue la segunda vez en mi vida que pisé la parroquia del Inmaculado Corazón de María donde me había «casado». Entré yo sola en el despacho parroquial, dispuesta a contarle al sacerdote secretos íntimos de mi vida, mientras mi padre aguardaba fuera.

Era un clérigo de unos cuarenta años, afectuoso y expansivo, que enseguida conectó conmigo. Máxime, después de escuchar todo lo que salió de mi boca durante una hora entera de conversación.

Reparé en que, mientras le refería episodios truculentos de mi vida, su gesto sonriente iba tornándose en un ademán cada vez más grave. Le conté todo lo que había omitido decirle a mi padre por escrúpulos. Y claro, la expresión de estupefacción y horror acabó dibujándose, como era lógico, en su rígido semblante.

Aun así, él intentó también persuadirme para que reconsiderase mi decisión:

—Es terrible lo que acabas de contarme. Terrible... —dijo, asintiendo también con la cabeza—. ¿Pero estás completamente segura de que quieres dar ese paso? ¿Crees, en conciencia, que tu matrimonio no es válido ante Dios? —agregó, como si fuese un juez.

—No tengo duda —me ratifiqué.
—En ese caso, te animo a que inicies un proceso de nulidad.
La última palabra me sonó a chino.
—¿Cómo dice, padre? —inquirí.
—¿No sabes qué es una nulidad matrimonial? —se extrañó.
—Pues la verdad es que no.
—Se trata —explicó— de comprobar con testigos y pruebas periciales si tu convicción de que el matrimonio es nulo tiene fundamento o no.
—Ya... —dejé escapar sin el menor entusiasmo, pues aquel término, además de parecerme horrible, me sugería un proceso complejo para el que aún no me sentía preparada.

Apercibido de ello, el sacerdote se ofreció a seguir ayudándome:
—Si quieres, hablo yo con él y le tanteo...
—Se lo agradezco mucho, padre, pero ni sueñe con que él venga aquí. No quiere ver a los sacerdotes ni en pintura.

Mantuve contacto telefónico con aquel cura en días sucesivos, pero muy pronto olvidé el asunto de la nulidad, hasta que Chema volvió a recordármelo años después.

Cuando terminamos de hablar, mi padre se encerró con él en el despacho. Al cabo de un rato, salió meditabundo de allí. Subimos luego al coche y durante el trayecto de regreso hizo él una tímida intentona para ver si yo rectificaba, persuadiéndose al final de mi inapelable decisión.

Empezó así aquel día una nueva etapa de mi vida. Y yo, sin saberlo aún, iba a recibir el inefable consuelo de la Virgen de los Dolores.

7

EL JURAMENTO

La tarde del 9 de agosto de 1999, me desmoroné en brazos de mi madre, incapaz de sostener el llanto.

—Sólo te pido, mamá, que cuando estés allá Arriba te acuerdes de mí —le imploré, como el niño arrepentido que promete ser bueno siempre.

Ella había ingresado esa misma mañana en una habitación de la clínica Ruber, en la calle Juan Bravo, desahuciada por los médicos a causa de un cáncer de páncreas que, como el peor traidor, siempre da la cara cuando ya no había remedio.

Aun así, me miró muy serena, respondiéndome con firmeza:

—Sí, hijo, sí... pero tienes que intentarlo.

No hizo falta que mediase una explicación; supe perfectamente a qué se refería y asentí con la cabeza.

Aquella noche fue la última que vi a mi madre con vida; también fue la única que no pasé junto a ella.

—Estás agotado, hijo mío. Vete a casa a dormir —me rogó.

Obedecí, como tantas otras veces en las que ella se desveló por mí. Desde que le diagnosticaron el cáncer, mes y medio atrás, no había dejado de acompañarla las veinticuatro horas del día.

Pero aquella noche, presintiendo su inminente final, ella me dijo con pasmosa sangre fría:

—Quiero que me entierres en un nicho de La Almudena.

—¡Mamá, qué dices! —exclamé.

Así fue: cuando regresé a verla, en la mañana siguiente, la muerte se cebaba ya con ella sin piedad. Avisé de inmediato a su director espiritual, un sacerdote del Opus Dei que vino poco después para administrarle la Unción de Enfermos.

Mientras recitaba las oraciones junto al sacerdote, no dejé ni un instante de aferrar mi mano a la suya con el mismo crucifijo con el que, dieciocho años atrás, había muerto también mi padre.

Expiró poco después, la mañana del 10 de agosto. Al día siguiente, la sepultamos cristianamente, con una corona de sesenta rosas rojas, en el cementerio madrileño. Las mismas rosas rojas que ella encargaba cada semana, en una floristería próxima, para llevárselas a la Virgen con la ilusión de siempre.

La primera vez que escuché de labios del médico la sentencia de muerte de mi madre recordé las últimas palabras de mi padre en la Unidad de Vigilancia Intensiva (UVI) de un modesto hospital de Alicante, la única vez que me permitieron acceder allí para verle:

—Hijo mío, sólo te pido que cuides de tu madre —me encargó él, tras despojarse de la mascarilla de oxígeno y apretarme la mano con llamativa fuerza.

Tan sólo una semana antes, gozaba él de una salud a prueba de bomba. Rara vez había pisado la consulta de un médico y conservaba, todavía con sesenta y cinco años, una extraordinaria fortaleza física.

Había sido boxeador aficionado en su juventud y asaltado algunos cuarteles republicanos, durante la Guerra Civil española, para hacer acopio de armamento sin tener que lamentar la muerte de nadie.

Con metro ochenta y cinco de estatura y más de noventa kilos de peso, era un consumado experto en defensa personal, capaz de inmovilizar al más pintado en cuestión de segundos. Sus manos parecían dos remos y sus dedos, auténticas tenazas. Era una apisonadora humana.

Cuando cumplí los dieciocho años, me llevaba el pulso con la mano derecha, pese a ser él zurdo. Mi madre me contó un día que, siendo ya un sesentón, corrió detrás de un ladronzuelo de apenas treinta años que le había robado el bolso durante la Misa y fue capaz de atraparlo e inmovilizarlo con una sola mano, como a un pelele.

Conservo todavía hoy, como una reliquia histórica, una fotografía suya en Rusia con el general Agustín Muñoz Grandes, que mandaba la División Azul.

Era un hombre valeroso y recio como pocos. Pero sobre todo, un cristiano, marido y padre ejemplar, que no dejó de confiar jamás en Dios. Ya sé que es fácil para un hijo piropear así a su padre, pero debo añadir, en honor a la verdad, que mereció siempre por su comportamiento encendidos elogios de mucha gente.

A su muerte, acaecida el 7 de agosto de 1981, su esposa e hijos recibimos más de un centenar de cartas de todos los rincones de España de personas a las que mi padre había ayudado a lo largo de su vida, incluidas varias comunidades de religiosas contemplativas. Fue un descubrimiento que nos llenó a todos de inmenso orgullo y admiración.

Para asistir a su entierro, en Alicante, se fletaron varios autobuses desde Madrid.

Entre sus papeles, guardo también una carta a un primo suyo, datada en los años cincuenta, recordándole cómo, durante la contienda civil, tenían que estar preparados para morir en gracia de Dios.

Los días previos a su fallecimiento fui casi incapaz de conciliar el sueño. Rezaba por la noche, sin desfallecer, la novena al entonces Siervo de Dios Josemaría Escrivá de Balaguer, hoy santo, a quien él profesaba una devoción enorme desde que se fue al Cielo, en junio de 1975.

Tuvo ocasión de conocerle en vida y de compartir con él momentos inolvidables. Me decía que era un sacerdote muy humilde, con una humanidad y simpatía desbordantes.

Cada mañana, me asomaba a la UVI para observarle a través del espejo. Aprovechaba entonces para mostrarle la novena de Escrivá de Balaguer, con una fotografía suya, mientras apuntaba con el pulgar hacia arriba. Él me sonreía, haciendo el mismo gesto con el suyo.

Comprendí luego que, mientras yo quería transmitirle que Escrivá de Balaguer intercedería por su curación, él me estaba diciendo que se iba derecho al Cielo. Y sólo él sabía entonces por qué estaba tan seguro de ello.

De regreso en Madrid, tras asistir emocionada a la caída de la última paletada de tierra sobre su ataúd, mi madre abrió el secreter que él guardaba bajo llave en el salón de casa. Junto a instrucciones burocráticas, como el estado de las cuentas bancarias o la póliza del seguro, encontramos su propia esquela, cuyo epitafio él mismo había escrito de su puño y letra.

Decía literalmente así:

«Hizo siempre la voluntad de Dios, o mejor dicho: luchó siempre por hacer la voluntad de Dios. Pocas lágrimas y mucha oración, que falta le hace».

Guardaba relación su última inscripción con esta otra que, en prosa poética, dejó estampada él también a lo largo de su matrimonio.

Titulada *Fe*, reza así:

> *Cuántos hay que caminan*
> *sin saber dónde van.*
> *No así yo, que,*
> *si caigo en la pelea,*
> *sé que Tus brazos*
> *me recogerán.*

O también con esta composición, que él rotuló *Recomenzar*:

> *Me lanzo al día*
> *conquistando cielos.*
> *Si vuelvo luego*
> *derrotado y triste,*
> *no me niegues la luz*
> *y la alegría*
> *de un amanecer nuevo.*

Y finalmente con una tercera, en el mismo sentido:

> *Me dormí pensando en Ti*
> *y pensando en Ti despierto.*
> *Barquito que así navega*
> *seguro que llega a puerto.*

Había también otras cuartillas manuscritas de mi padre, dedicadas a mi madre, que también hoy conservo como el más preciado tesoro.

Días después, la sorprendí a ella llorando a lágrima viva, sentada en una butaca tapizada del salón. Acababa de releerlas y me las tendió para que lo hiciera yo por primera vez. Estaban escritas a corazón abierto, sabiendo que muy pronto iba a morir tan mansamente como un cordero.

Repasaba en ellas los años felices de su matrimonio y las espinas de sus sufrimientos, que en el Cielo florecerían ya para siempre.

A la muerte de mi madre, cada vez que meditaba esas primorosas palabras inspiradas por el Paráclito, no podía evitar emocionarme. Un día se las di a leer a una persona consagrada muy especial. Cuando terminó de hacerlo, musitó: «Tu padre era un místico».

La víspera del funeral, celebrado en la Basílica Pontificia de San Miguel, su director espiritual nos reveló que él había ofrecido su vida por Juan Pablo II el mismo día del atentado perpetrado por el turco Alí Agca en la plaza de San Pedro de Roma, el 13 de mayo de ese mismo año.

Juan Pablo II tuvo noticia de su particular oblación, como la de otras personas que se ofrecieron también como almas víctimas para que el Papa polaco protagonizara un pontificado largo y fructífero, como así fue.

A mi padre le operaron, de hecho, el mismo día que al Vicario de Cristo en la tierra, el 5 de agosto, festividad de la Virgen de las Nieves.

Entró en el quirófano aquella tarde para que el Gran Cirujano pudiese restañar las profundas heridas en el alma de su hijo descarriado el mismo día, pero veintiocho años después.

Mis padres se abandonaron siempre a la Providencia de Dios. Creo innecesario, a estas alturas, abundar en que revivían cada día la Pasión de Cristo durante la Santa Misa, hacían oración o rezaban el Rosario. Pero me enorgullece consignarlo, sobre todo porque gracias a su vida de piedad, a la cantidad ingente de plegarias que elevaron por mí al Cielo con admirable perseverancia, la Virgen de las Nieves y el Padre Pío arrancaron finalmente a Jesús un gesto de infinita Misericordia conmigo que en modo alguno merecía. Con ellos aprendí que la mejor educación era siempre el ejemplo, y que nunca sería feliz si las cosas en que creía eran distintas de las que hacía.

Estoy persuadido así de que si algún día alcanzamos el Paraíso, será gracias a lo que otros hayan rezado por nosotros. De méritos propios, nada. Creo firmemente en la sorprendente eficacia de la Comunión de los Santos.

Recuerdo, a este propósito, las palabras de Juan Ramón, un compañero de facultad a quien dejé de ver desde que terminamos la carrera de Periodismo, en la Universidad de Navarra.

Cuando nos reencontramos, al cabo de veinticinco años, se acercó a mí en la cripta de la parroquia madrileña de Jesús de Medinaceli donde acababa de impartir una charla sobre el Padre Pío, para decirme, entre otras cosas, con la sinceridad que le caracterizaba:

—No te ofendas, pero debí leer varias veces tu nombre en la portada del libro *Padre Pío* para convencerme de que lo habías escrito tú.

Y acto seguido, añadió:

—No sabes todo lo que recé por ti mientras estudiábamos en la Universidad.

—Pues ya ves que tus oraciones no cayeron en saco roto —sonreí.

La última vez que hablé con él, tres años después, se debatía ya entre la vida y la muerte por culpa de un cáncer. Y en el lecho del martirio, entre los horribles dolores que ni siquiera la morfina ni la sedación eran capaces ya de calmar, aún tuvo la entereza y generosidad para decirme, consciente de que mi familia y yo vivíamos de los libros de puro milagro:

—Estoy ofreciendo parte de mis sufrimientos para que vendas muchos ejemplares...

Sólo le preocupaba al final que sus hijos, de ocho y once años entonces, pudiesen perder la fe al no entender humanamente que su padre, siendo todavía joven y necesitándole tanto, partiese a la Casa del Señor para alabar ya a Dios junto con el Padre Pío, santo de su devoción, por toda la eternidad.

La Providencia, como decía antes, nos conduce siempre por caminos insospechados de paz y alegría, aunque yo no confiase todavía en ella, a diferencia de mi madre.

Poco antes de que ella supiese que iba a morir, acudimos juntos a la consulta privada de su médico de cabecera, el internista Amador Schüller, antiguo rector de la Universidad Complutense y presidente la Real Academia de Medicina.

Sentado al otro lado de su escritorio, el insigne doctor nos dio ya un ultimátum aquella tarde, dirigiéndose a mí, indignado:

—No podemos perder ya más tiempo: tienen que hacerle enseguida las pruebas a tu madre.

Llevábamos, en efecto, casi tres semanas intentando en vano que a ella le efectuasen un escáner y otras comprobaciones médicas en el hospital La Paz, pero nos sentíamos postergados una y otra vez. De modo que Schüller, viéndole con disimulo las orejas al lobo, optó por una solución urgente:

—Vas a llevar a tu madre al doctor Sales —ordenó, como el coronel de un regimiento a un simple recluta.

—¿Sales, dice? —pregunté al escuchar ese apellido tan familiar.

—Sí, es un gran radiólogo.

—¿José Ramón Sales? —volví a insistir.

—¿Le conoce usted...?

—Vivimos juntos mientras estudiábamos en la universidad.

—Mejor aún. Ahora es él quien lleva la clínica, tras jubilarse su padre.

No podía dar crédito a lo que acababa de escuchar... ¡Era el mismo José Ramón, Cherra, como le llamábamos sus amigos, que había compartido piso conmigo en Pamplona!

Cuando abandoné el Colegio Mayor Belagua, al pie del maravilloso campus universitario rodeado de hectáreas de césped impoluto con exóticas especies arbóreas, me fui a vivir a una casa alquilada con tres estudiantes de Medicina, incluido Cherra, y uno de arquitectura.

Yo era la *rara avis* de Letras, que me pasaba el día haciendo preguntas, en especial durante las comidas, para evitar que los médicos se recreasen contando sus macabras experiencias clínicas, incluida alguna que otra autopsia. En cierta ocasión, viéndome impotente para desviar su repugnante conversación, llegué a sentir arcadas y no vomité de milagro por haberme retirado a tiempo de la mesa.

Cherra era entonces un estudiante modélico, no porque fuese un empollón, sino porque tenía un sentido ejemplar del orden para los estudios y cualquier otra tarea que le encomendasen, como la administración del piso, que corría de su cuenta.

Tenía una gran seguridad en sí mismo. Deseaba ser radiólogo, según decía, para ayudar a su padre en la clínica.

Era una persona que se dejaba querer, sabiendo escuchar a los demás. Cocinaba también como nadie la pasta italiana. Su especialidad eran los espaguetis a la carbonara. Él me enseñó a prepararlos y gracias así al *Masterchef* que tuve entonces pude satisfacer también, años después, los exigentes paladares de Paloma y de nuestros hijos, quedando como un rey.

Con Cherra, me convencí de que a los vencedores se les conocía ya en la línea de salida.

Aquella tarde, en cuanto abandonamos el domicilio del doctor Schüller, le telefoneé sin pérdida de tiempo:

—¿El doctor Sales, por favor?

—¿Quién le llama? —contestó una enfermera, al otro lado del aparato.

—José María Zavala.

—Un momento, si es tan amable...

Poco después, volví a reconocer su voz al cabo de trece años, desde que terminamos la carrera.

—¡*Chemita*, qué alegría oírte! —exclamó él.

—Lo mismo digo, *Cherrita*.

Nos llamábamos a veces por el diminutivo, con recíproco cariño.

—¿A qué se debe semejante honor? —proclamó.

—Dirás al contrario —le correspondí yo—. Acabo de estar con el doctor Schüller...

—Vaya, veo que estás en excelentes manos.

—Y me ha preguntado si podrías hacerle unas pruebas a mi madre.

—¿A tu madre...? Mañana mismo, a las nueve, os espero aquí a los dos —resolvió.

Allí estábamos al día siguiente como un clavo. Nada más entrar, no tuvimos la sensación de encontrarnos en una clínica: aparte del hilo musical, que invitaba a relajarse tan temprano, no olía lo más mínimo a medicamento. Se respiraba así un ambiente amable y acogedor.

Poco después, nos fundimos él y yo en un abrazo, como si fuese de cera. Y acto seguido, saludó a mi madre con un beso cariñoso.

Embutido en su bata blanca, empezó a hacerle él mismo las pruebas que le llevarían dos mañanas consecutivas con los aparatos más modernos y sofisticados que había visto en mi vida.

Al salir de la clínica el primer día, mi madre me comentó:

—No sabes el cariño con que me trata tu amigo, como si fuera su madre; es un cielo de persona.

Al día siguiente, mientras llevaba observando las entrañas de mi madre alrededor de diez minutos en el escáner monitorizado, sentado junto a mí a los mandos en un habitáculo contiguo separado por una gran mampara de cristal, Cherra propinó de repente un puñetazo en la mesa.

—¡Qué ocurre! —dije sobresaltado, presintiendo que algo no marchaba bien.

—¡Joder, *Chemita*, no sabes cuánto lamento tener que darte esta noticia después de tantos años sin vernos...! —exclamó, palmeando esta vez la mesa, en un gesto de impotencia y desolación.

—¿Qué noticia...? —acerté a decir, sintiendo un aleteo intenso en mi estómago.

—Tu madre tiene cáncer.

—¡Dios santo...! —tragué saliva—. ¿Y estamos a tiempo de curarlo?

—Me temo que no: es el páncreas.

—¿Quieres decir que se va a morir pronto?

—Sí, Chema, si un milagro no lo remedia —asintió con ojos enrojecidos.

Yo apenas podía hablar. No sé aún cómo tuve la sangre fría para preguntarle:

—¿Cuánto le queda de vida?

—No lo sé —contestó, sacudiendo la cabeza.
—Dime algo, por favor —le supliqué, entre sollozos.
—Uno o dos meses tal vez. Está ya avanzado.
—¿Entonces...?
—¿Quieres un consejo de amigo?
—Sí, claro.
—Ni se te ocurra ingresarla en una clínica, ¿me oyes? Llévatela al hotel de mis suegros en La Barranca, en Navacerrada. Coge una habitación doble y supervisa tú mismo el gotero para los medicamentos, colgándolo si es preciso de uno de los pinos del jardín. Aunque te repito que sólo un milagro puede salvarla...

Visitamos aquel mismo día al doctor Schüller con los resultados de las pruebas médicas.

En cuanto las examinó, quiso recabar la opinión del doctor Enrique Moreno, una eminencia mundial en cirugía y trasplantes. El propio Schüller le telefoneó a su casa para concertarnos una cita con él al día siguiente, en su despacho del hospital Doce de Octubre.

Una vez allí, el doctor Moreno se deshizo en elogios con el informe de mi amigo Cherra:

—¡Qué calidad de imágenes! ¡Ojalá que todos los estudios se realizasen así! Es realmente magnífico...
—Pero dígame, doctor —le interrumpí yo, yendo al grano—: ¿Cree oportuno operar a mi madre?
—Bueno... —titubeó él, sin pronunciar en ningún momento la palabra maldita—. Pienso que todavía no es necesario. Vamos a ver cómo evoluciona la cosa...

Me convencí entonces, si es que no lo estaba ya, de que si un cirujano de tanto renombre descartaba la intervención, aunque fuese con toda la diplomacia del mundo, era porque se habían agotado ya todos los recursos de la medicina.

Poco después, el doctor Schüller no hizo sino confirmar los malos presagios recetando a mi madre varios medicamentos a modo de placebo.

Desde el primer momento, mi madre sabía ya que tenía los días contados.

—Todos estos potingues no sirven de nada —me dijo luego, al salir de la farmacia, mostrándome la bolsa que contenía los medicamentos.

—Tienes que obedecer al médico —añadí, tratando en vano de despistarla.

Añadiré que cuando llegó la hora de pagar a Cherra por sus pruebas médicas, se limitó a responderme con una generosidad sin límites:

—¿Tú le cobrarías a tu hermano?

Al cabo de tres semanas, Schüller envió a una especialista en el tratamiento de enfermos terminales para visitar a mi madre en Navacerrada. Debía rondar ella los sesenta años de edad. Parecía una mujer fuerte, bregada en el sufrimiento ajeno.

Una vez en el hotel, se encerró a solas con mi madre en la habitación durante una hora más o menos, mientras yo recorría sin cesar el largo pasillo de un extremo a otro.

Debió pensar la doctora, antes de entrar, que serviría de consuelo a su paciente en sus últimos momentos. Pero cuando la vi salir a ella llorando de allí, me convencí de que había sucedido justo lo contrario.

Apoyando su mano en mi hombro, me dijo toda apesadumbrada:

—Menuda madre que tienes.

La víspera de su muerte, doliéndole ya hasta el aliento, aún tuvo la entereza para indicarme:

—Hijo mío, llévame a Madrid.

Reservé así, a petición suya, una habitación en la Clínica Ruber.

Estaba ya la pobre consumida. En las dos últimas semanas había sostenido con ella una lucha titánica para que pudiese tragar al menos una cucharada sopera de leche condensada al día. El doctor Schüller me dijo que le proporcionaría algunas energías. Pero ahora, ni tan siquiera podía beber ya un miserable trago de agua.

Murió, como dije al principio, santamente.

Desde entonces, como si no dejara de inspirarme desde el Cielo, me sentí en deuda con ella, pues le había prometido que «lo intentaría». Pero más tarde reparé en que mi compromiso no era con ella sino con

Dios, de modo que no se trataba ya de una promesa sino de todo un juramento.

Desde mi definitiva separación matrimonial, cuatro años atrás, vivía casi por completo al margen de Dios. Salía aún con una chica que a mi madre no le gustaba para mí; una chica mona, divertida y desenfadada, que parecía llenar mi gran vacío interior.

Durante la intensa agonía de mi madre, vino ella a visitarme varias veces tratando de que yo no la olvidase. Pero desde que mi madre falleció, el 10 de agosto de 1999, prescindió de mí con absoluto desdén, empezando a salir con otro hombre, como si se tomase la revancha conmigo. Recordé, con tristeza, esta misma copla aplicada a ella: «Querer sin querer, cosa de mujer».

Me quedé así solo, sumido en la amargura. Al borde del abismo...

8

PRÍNCIPE AZUL

Fue mi madre, para mi sorpresa, la que viéndome tan decaída me propuso, la tarde del 10 de agosto de 1999:

—¿Por qué no vamos juntas a Prado Nuevo de El Escorial?
—¿Dónde...? —la interpelé, pues nunca antes había oído pronunciar aquel nombre.
—Un lugar donde se aparece la Virgen.
—¿Estás segura? —fruncí el ceño.
—Pues hija, creo que sí. Yo he estado ya alguna vez para pedirle cosas y me las ha concedido.
—¿Y la Iglesia, qué dice?
—Todavía no se ha pronunciado, que yo sepa. Pero he oído hablar muy bien de esa señora que al parecer sigue recibiendo mensajes de la Virgen de los Dolores. Se llama Amparo.

Yo estaba tan desesperada y necesitada de ayuda del Cielo, que asentí finalmente:

—Como quieras, mamá.
—Puedes aprovechar —me sugirió ella— para escribirle a la Virgen en un papel todo lo que necesitas. Ya verás cómo te hace caso, como a mí...
—¿Y eso...? —dije un tanto perpleja.

—En el árbol donde se apareció hay un agujero en el que la gente introduce sus peticiones.

Llegamos a Prado Nuevo sobre las siete de la tarde. Como era martes, no había allí mucha gente. Nos sentamos en el borde del antiguo abrevadero, justo enfrente del árbol de las apariciones, mientras yo rezaba en silencio algunas Avemarías.

Mi madre, entretanto, permanecía ensimismada a mi lado, contemplando el horizonte. Al fondo se distinguía, en primer plano, el Monasterio de El Escorial y justo detrás, a una altitud de más de mil setecientos metros sobre el nivel del mar, el Monte Abantos, como un coloso inaccesible dominando la sierra del Guadarrama.

Enseguida advertí que aquel lugar era especial. Pocas veces en mi vida había sentido tanta paz como en ese prado verde, donde empezaba a remitir ya algo el calor sofocante. Siguiendo la indicación de mi madre, saqué papel y bolígrafo del bolso para redactar mi lista de peticiones a la Virgen de los Dolores, consciente de que a quien revelabas tus secretos entregabas tu libertad.

Siendo sincera, me identifiqué enseguida con esa advocación, que reflejaba fielmente mi estado de ánimo entonces. Me sentía sola, pues la compañía de mi hijo y de mi padre suplía en una mínima parte mi gran frustración.

Estaba plenamente convencida de mi vocación al matrimonio. Por eso mismo, no acababa de encontrar mi sitio en casa de mis padres; necesitaba más independencia a mi edad. Tampoco era fácil encontrar trabajo con un niño de dos años a mi cargo.

Desde pequeña, cuando jugaba con muñecas, anhelaba ya ser madre en el futuro y fundar una familia. Con catorce años, tras verme obligada a dejar los estudios, disfrutaba en casa ayudando a Maribel, la chica de servicio, en las tareas del hogar. Con ella aprendí a cocinar desde unas simples lentejas, hasta elaborar la masa de las croquetas, empanar pechugas de pollo o encontrar el punto al flan de huevo con caramelo. Pero el plato estrella de Maribel era, sin duda, el estofado de ternera. La carne gelatinosa se te hacía mantequilla en el paladar, y desde luego no tenía nada que envidiar al mismísimo *goulash* húngaro.

Desde mi separación, aunque me viese liberada al principio de una opresión insoportable, el dolor no me lo quitaba nadie. Tenía una necesidad enorme de dar y recibir amor. Había nacido, como todo el mundo, para amar y ser amada. No era un bicho raro en ese sentido, aunque a veces, a juzgar por lo que acababa de sucederme, llegara a considerarme como tal.

Pero nunca, ni en los peores momentos de mi vida como el que atravesaba entonces, había dejado de rezar. Algunas tardes, hallándome en el parque con mi hijo pequeño, me decía él muy gracioso, nada más oír cómo repicaban las campanas de la iglesia de San Miguel Arcángel: «Mami, *vamo a isa*».

Por las mañanas, acudíamos juntos a la piscina de la urbanización. Era una vida demasiado tranquila y aburrida para una mujer como yo, que seguía aspirando, pese a mi reciente fracaso, a estar felizmente casada algún día ante Dios. Una existencia anodina, a la que ni siquiera las tardes de compras con mi madre, las sesiones de cine o las meriendas en alguna cafetería de la zona lograban darle algún sentido.

Mientras cavilaba sobre todas estas cuestiones, sentada en aquel abrevadero cuya agua curaría todo tipo de enfermedades si se cumplía el supuesto deseo de la Virgen de levantar allí una capilla, según averigüé más tarde, empecé a escribir mi relación de ruegos.

Todavía hoy, al cabo de quince años, recuerdo con exactitud el contenido del mensaje: desde mi agradecimiento sincero a Nuestra Señora de los Dolores, hasta las tres súplicas que le formulé, incluido el orden de las mismas.

La lista era como sigue:

«—Gracias de corazón por todo lo que me has dado, empezando por mi familia.

»—Pon orden y paz en mi vida.

»—Protege siempre a mi hijo, a quien desde este mismo momento te encomiendo.

»—Concédeme lo que siempre he soñado: un príncipe azul que me quiera de verdad y al que yo corresponda siempre por amor de Dios.»

Cuando terminé de escribir, arranqué la hoja de la agenda y la plegué para poder introducirla en el hueco del fresno. Una vez frente a éste, me entretuve observando el retrato de la Virgen de los Dolores colgado de la parte superior del tronco: era un rosto de gran belleza, muy natural, con el cabello pelirrojo cubierto con un velo, ojos azules y resplandecientes, nariz recta y boca bien perfilada.

Tuve la sensación de estar mirando a mi propia madre, no por el parecido físico, sino porque en realidad lo era: mi Madre del Cielo, entristecida por todas las ofensas que le hacíamos a su Hijo con pasmosa indiferencia. Sus lágrimas la delataban. Era la Virgen de los Dolores, a quien yo imploraba en silencio, de pie junto al árbol, que me ayudase a enmendar mi vida.

Me acerqué todavía más al fresno para acariciar su corteza y tocar de puntillas con los dedos la frente de mi Madre del Cielo, sobre la que tracé a duras penas la señal de la Cruz.

Y mientras depositaba esperanzada mis recados en el interior del tronco, le dije segura para mis adentros, como una niña inocente vestidita de nido de abeja a su madre, convencida de que quien lleva consigo su niñez jamás envejecerá:

—Creo, Virgen de los Dolores, que te apareciste en este lugar de paz. No me dejes sola ahora que tanto te necesito y dame, te lo suplico, al hombre con el que pueda compartir mi vida siendo feliz de verdad. A cambio, te prometo hablar siempre bien de estas apariciones para que la gente venga aquí a consolarte y pedirte favores como yo.

Al mes siguiente, me trasladé con mi hijo y una hermana a un pequeño apartamento alquilado en Galapagar, con un solo dormitorio que compartíamos él y yo, y un sofá-cama que ella ocupaba en el saloncito. Una cocina alargada, con una barra apoyada para comer y un sencillo cuarto de baño con ducha, completaban las estancias de la casa, que carecía de terraza.

Mi hermana trabajaba entonces muy cerca de allí, como agente comercial en un concesionario de automóviles. Se levantaba temprano y solía regresar a casa para almorzar. Yo me encargaba, entresemana, de sacudir el polvo, arreglar las habitaciones y preparar la comida. El fin de semana me ayudaba ella. Así, un día tras otro, me hallaba inmersa en una implacable monotonía que intentaba sobrellevar poniendo todo el cariño del mundo en atender a mi hijo. Y sobre todo, acudiendo con él a la iglesia de la Asunción de Nuestra Señora, ante cuyo Sagrario me arrodillaba reiterándole al Señor que me diese una segunda oportunidad en mi vida y recordándoselo luego a Su Santísima Madre sin importarme resultar pesada.

Los meses de abril a diciembre se me hicieron eternos. Mientras la vida era en color, mi realidad transcurría en blanco y negro.

Uno de aquellos días me reencontré por casualidad, aunque luego comprobé que fue providencial, con una antigua compañera a la que había conocido casi catorce años atrás mientras nos preparábamos juntas para ser azafatas de eventos oficiales. Se llamaba Ana y tenía ahora un empleo fijo como administrativa en una empresa inmobiliaria.

Omití en su momento decir que, tras abandonar los estudios en el colegio de las Damas Negras, en el Paseo de Eduardo Dato, me incorporé con diecisiete años a una academia de azafatas. Mi madre me animó a hacerlo para que saliese un poco de casa.

Reconocí a Ana enseguida al verla conducir su carrito de la compra, la mañana de un sábado de mediados de septiembre, por uno de los pasillos del supermercado Ahorramás de Galapagar.

Pese al tiempo transcurrido —entonces no éramos ni tan siquiera veinteañeras y ahora, en cambio, acabábamos de traspasar el umbral de los treinta—, llevaba su melenita rubia exactamente igual, recortada por encima de los hombros y con un flequillo muy mono, tan resplandeciente como las espigas de trigo.

Su mirada azul celeste, ligeramente rasgada, como la de un felino, seguía siendo inconfundible. Medía unos diez centímetros más que yo, rozando así el metro setenta de estatura. Los chicos solían fijarse en ella mucho más que en mí. No sólo por su atractivo físico, que saltaba a la vista, sino por su particular estilo de vestir, que a veces resultaba algo atrevido y provocador.

—¿Eres Ana, verdad? —le tanteé, acercándome a ella, segura de mis aptitudes de fisonomista.

Me miró sorprendida al principio.

—Sí... ¿Te conozco de algo? —dijo con curiosidad.
—Soy Paloma. ¿No me recuerdas?
—¿Paloma...? —repitió indecisa.
—Tu antigua compañera en la academia de azafatas.
—¡Paloma! —exclamó al fin.
Y enseguida se disculpó:
—Perdóname, mujer, pero con lo delgada que estás no te he reconocido.
—Sí, he perdido bastante peso, la verdad.
—¿Te pasa algo...?

La pregunta quedó en el aire, hasta que salimos del supermercado y nos sentamos en una terracita para proseguir la conversación mientras tomábamos un café.

Previamente, ella había dejado sus bolsas de la compra en el pequeño maletero de su *Mini* azul marino en su versión moderna, aparcado junto a la acera. Era parecido al de mi madre, sólo que el de ella era antiguo y en verde inglés, con el salpicadero decorado en madera y en la parte delantera del capot, como diciendo aquí estoy yo, la placa reluciente del fabricante, tan mona. De museo. El mismo vehículo en el que mi madre nos recogía en el colegio y al cual subió más de una vez la futura actriz Elsa Pataky para fumarse algún que otro pitillo.

—Bueno, acabo de separarme —le dije finalmente.
—Vaya, ¿y no hay vuelta atrás?
—No, se acabó.
—¿Tienes hijos?
—Uno solo, que acaba de cumplir dos años el pasado 27 de agosto.
—Criaturita...
—¿Y tú...? —inquirí, cambiando el rumbo de la conversación.
—Yo, nada.
—¿Cómo que nada?
—Pues que ni me he casado, ni tengo hijos. He salido con varios chicos en los últimos años, pero ninguno de ellos me ha convencido, francamente.
—Te pasa entonces como a mí, que todavía no has encontrado al hombre de tu vida.

Me ratifiqué así en que el corazón de las mujeres era como el de un instrumento musical: dependía de quien lo tocase.

—No; ni tampoco lo busco —aseguró ella—. Me conformo con seguir pasándomelo en grande los fines de semana en Madrid. ¿Te parece eso poco?

Quizás no sea correcto decirlo, pero Ana podía permitirse el lujo de tratar a los hombres como si fuesen servilletas de papel de usar y tirar, aunque eso no estuviera bien. En el fondo, ignoraba que quien se tomaba las cosas a la ligera, como ella, resultaba tarde o temprano vencida por quien se las tomaba en serio.

—¿Vives en Madrid? —le pregunté.

—No, tengo una casa en Colmenarejo.

—¿Es tuya?

—No, hija, alquilada. Mi sueldo no da para tanto. Pero, como te digo, los fines de semana aprovecho para divertirme en casa de algún amigo o cenando en algún restaurante *guay*. ¿Conoces *El Cosaco*, en la Plaza de la Paja?

—No, pero suena a ruso.

—Cocina rusa, sí. Un lugar muy romántico, con una decoración preciosa, donde puedes rematar la cena con unos dedales de Vodka la mar de digestivos que sirven para entonarte que no veas...

—¿Has ido a bailar a *Keeper*, en Juan Bravo? —añadí, recordando mis años juveniles.

—Alguna vez, pero prefiero mil veces *Gabana 1800*. Los hombres son allí más pijos. Ya me entiendes...

Tras consultar el reloj, Ana se disculpó porque debía marcharse. Era casi la una de la tarde. A esa hora mi hijo aún estaría en el parque con mi hermana.

—¡Ah! Se me olvidaba —reparó, al despedirse—. Dame tu teléfono para invitarte un día a salir de marcha.

Se lo di con pocas ganas, la verdad, sin saber que jamás me arrepentiría de haberlo hecho.

9

AL BORDE DEL ABISMO

La pérdida de mi madre me sumió en una infinita soledad. La misma que si hubiese visto partir, perdido, sin retorno posible, el tren irremediable de mi última ilusión.

Me sentía vacilante como un niño ciego de ojos inertes, sin mirada, evitando dar un paso en el vacío sin que nadie pudiese cogerme ya de la mano para guiarme; ni tan siquiera Dios, porque seguía distanciado de Él.

Para colmo, la mujer que hasta entonces me consolaba, como ya he dicho, me abandonó de repente al verme desmoronado. Fue una forma de cobrarse en frío la venganza, haciendo honor al proverbio inglés. Comprobé así en propia carne que la mujer era como la sombra: si la huía, me seguía; si la seguía, me huía.

La enfermedad de mi madre me había hecho recapacitar sobre esa relación. Llegué a comprarme una Biblia para leerla durante aquellos días. Hablé incluso con esa chica para que no viniese más a verme a Navacerrada, pero ella se presentaba allí de improviso en su coche, haciendo oídos sordos, sin importarle otra cosa que estar conmigo. Yo me mostraba apático e insensible con ella; y esa misma desgana la utilizó luego ella conmigo como moneda de cambio, al morir mi madre, empezando a salir para colmo con otro hombre.

Y entonces, en lugar de agarrarme al Único que jamás falla, empecé a deslizarme por la peligrosa pendiente que conducía a la desesperación.

El demonio me sacudió fuerte en los meses transcurridos entre mediados de agosto y finales de diciembre, durante los cuales, si no hubiese irrumpido Paloma en mi vida como un ángel libertador enviado por mi madre desde el Cielo, habría caído sin remedio en el abismo al que había decidido asomarme. Después de tanto tiempo mirándolo, llegué a sentir así cómo el propio abismo me miraba a mí.

No voy a confesar ahora todos y cada uno de mis graves pecados —ya lo hice en su día, tras mi conversión—, pero sí deseo recalcar al lector que yo no era lo que se dice un angelito de los buenos, sino de los que más bien dejaban asomar los cuernos. Un alma en pena a la que Satanás había ganado ya para su causa; o eso creía él entonces.

No estaba endemoniado ni nada por el estilo, gracias a Dios. Pero caía una y otra vez en la trampa del maligno sin importarme lo más mínimo ofenderLe. El pecado era así para mí una costumbre, o más bien un vicio.

Empecé a consultar a cartománticos. Tan desesperado estaba, que por primera vez en mi vida contacté en el Retiro con una especie de bruja que interpretaba el tarot. No recuerdo el número de veces que fui a verla, pero fueron muchas. Me invitaba incluso a su casa, donde volvía a echarme las cartas para predecirme detalles nuevos sobre mi futuro. ¡Ingenuo de mí, que la creí entonces, agarrándome a ella como un clavo ardiendo, nunca mejor dicho!

Al principio, no pude quitarme de la cabeza a la mujer que me había abandonado justo cuando yacía panza arriba, como un perro reventado y sanguinolento, en la misma orilla de la carretera. Me sentía tan solo, que ella llegó a convertirse para mí en una auténtica obsesión... ¡diabólica!

Entre las vejaciones a las que el demonio somete a sus víctimas, según supe luego tras entrevistar a don Gabriele Amorth, exorcista oficial del Vaticano, para mi libro *Así se vence al demonio* publicado en 2012, figuraba precisamente la obsesión. El medio a través del cual el ángel caído se servía para mantenerme anulado por completo, sin posibilidad de reacción, haciendo que todo lo demás no existiese o que ocupase un lugar secundario en mi vida, empezando por el mismo Dios.

De hecho, mientras trabajaba aún en el diario *El Mundo*, el único sentido de mi vida era salir de allí lo más pronto posible para reencontrarme con mi «amiga» cartomántica, a quien telefoneaba desde la misma redacción para quedar con ella en el Retiro o en su propia casa.

Hasta que un día, habiendo llegado al grado sumo de desesperación, le hice una petición que resultó ser más bien una súplica:

—Necesito que me hagas un amarre —le dije, ignorando entonces que le encargaba algo satánico.
—Yo no puedo hacerlo, pero tengo un amigo que sí —repuso ella.
—¿Cobra mucho?
—Depende. Si lo que pretendes es tener a esa chica a tus pies, seguro que no te parecerá excesivo pagar unas cien mil pesetas. Déjame de todas formas que lo consulte con mi amigo y te digo algo.
—Pero que sea pronto, por favor —le imploré.
—Tranquilo, ya verás cómo a esa chica no la va a conocer ni la madre que la parió —aseguró ella, con una risa burlona.

Transcurrieron varios días, durante los cuales no dejé de telefonearla para ver si su amigo le había dicho ya algo. Hasta que por fin me citó en su puesto del Retiro.

Esperé impaciente a que terminase de echarle las cartas a un chico para confirmar con ella las novedades:

—¿Sabes ya algo? —le pregunté.
—Ya te dije por teléfono que he hablado con él —confirmó ella.
—¿Y qué te ha comentado?
—Me ha dicho que necesita un mechón de su cabello o una fotografía suya para poder hacer el hechizo.
—Humm... ¿Y sin eso no puede hacer nada? —traté de averiguar.
Ella captó enseguida mi desengaño.
—¿Ocurre algo? —inquirió.
—Es que no conservo ni una sola foto suya: las rompí todas de rabia en cuanto me abandonó.
—¿Y no puedes recomponer alguna? Con una sola imagen bastaría...
—Imposible. Arrojé todos los pedazos al contenedor de la basura.
—Pues consigue entonces algún pelo de su cabello.

—¿Cómo...? —añadí, temiendo que fuera a celebrarse algún ritual extraño.

—Tranquilo —me dijo—. Necesito sólo eso. Queda con ella y mira a ver si puedes obtenerlo. ¿Lleva melena?

—Sí.

—Entonces será más fácil que se le desprenda alguno. Recógelo sin que se dé cuenta y me lo traes.

—Pero ella no quiere volver a verme ni en pintura —lamenté yo—. Además, como se entere su novio de que la llamo, me matará. Es uno de esos tipos que no se andan con rodeos.

Todavía hoy, mientras hilvano estos vergonzosos recuerdos, me parece mentira haber sido capaz de mantener aquella conversación hace quince años, sin saber que jugaba con fuego y podía quemarme en las llamas del infierno.

Mi conversión me sirvió para darme cuenta de lo que somos capaces de hacer algunos miserables como yo, si renegamos del Señor poniéndonos en manos de Satanás para dejarnos manipular por él como simples monigotes a merced de su maldad infinita.

Mi conversión, la de todos los días, me ayuda a seguir exclamando ahora, gozoso, parafraseando a mi padre: «¡Gracias, Señor! Siendo tan miserable, ¡qué grande soy!».

Insistiré así una y mil veces en que o se está con Dios, o con el demonio. A los tibios, como advirtió Jesús, los vomitará Él de su boca.

Me parece increíble aún que hubiese estado dispuesto a pagar cien mil pesetas de entonces por aquel encargo satánico. Ahora sé que estaba cegado por el demonio, pero entonces ignoraba que fuese una víctima suya, cuya alma estaba abocada a la condenación si no lo impedía un auténtico milagro.

El Señor, con su infinito poder y misericordia, obtiene siempre del mal un bien si le dejamos, como sucedió finalmente en mi caso.

Doy gracias a Dios con toda el alma porque, en medio de las tinieblas, Él jamás me abandonó aunque yo fuese incapaz de distinguir su mano tendida. Mi desesperación llegó a tal extremo, que busqué con verdadero afán el monumento al ángel caído en El Retiro para encomendarme a él.

Por increíble que parezca, recorrí el parque madrileño varias veces sin ser capaz de localizarlo. Y ahora ya sé por qué no lo conseguí: el Señor me preservó de cometer semejante atrocidad, que hubiese supuesto vender mi alma al diablo.

¡Dios mío, cuánto me amas desde el principio de los tiempos, y qué poco te he correspondido yo en este valle de lágrimas!

Podía aplicarme así esta psicología freudiana: «Aunque te adoro, Señor, te quiero siempre de mala gana».

Para quienes todavía no crean en la existencia de Satanás, les recuerdo lo que decía a este propósito el poeta francés Charles Baudelaire: «La mejor artimaña del demonio es persuadirnos de que no existe».

Lamento añadir que, pese a ser un dogma de fe contenido en los Santos Evangelios, que nos refieren a Jesús como el primer exorcista de la Historia, haya sacerdotes que nieguen su existencia y se queden tan anchos.

Recuerdo que en un programa de *Cuarto Milenio*, el espacio televisivo de Cuatro dirigido por el periodista Iker Jiménez con quien colaboro en la actualidad, uno de los participantes en la mesa de debate aseguró que la supuesta influencia del demonio era en realidad un fenómeno de histeria y autosugestión.

Me permití rebatirle, parafraseando al Padre Pío cuando le acusaban de autolesionarse para provocarse los estigmas, que si era verdad lo que él sostenía, entonces si uno llegaba a convencerse de que era un buey le saldrían cuernos en la cabeza. Aquella persona reconoció no haber tenido en su vida delante de él a una persona poseída, admitiendo finalmente que los exorcismos podían ser beneficiosos para ellas.

A los más escépticos les recomiendo mi libro sobre el tema, donde hallarán no sólo las experiencias de cinco exorcistas de renombre, como el padre Amorth, sino sobre todo los testimonios en primera persona de algunos poseídos por Satanás que fueron liberados gracias a la infinita Misericordia del Señor. Estoy haciendo publicidad, sí, pero de la buena.

Y tras este breve inciso, añadiré que, sin una mujer a mi lado que me reconfortase, empecé a frecuentar discotecas con amigotes en busca de presas fáciles para combatir mi soledad.

Pronto conocí a varias mujeres atractivas a las que cortejé al mismo tiempo. Un día quedaba con una para cenar, al siguiente me iba a bailar con otra, y a la menor ocasión acompañaba a una tercera al cine. Prefiero ahorrarme los detalles.

Parecía un prestidigitador de corazones, consciente de que la mejor arma contra una mujer era otra mujer. Pero en realidad era un auténtico miserable que jugaba con los sentimientos de los demás sin importarme lo más mínimo infligirles daño alguno. El amor era para mí un simple episodio, aunque para alguna de aquellas mujeres pudiese constituir toda su existencia.

Nadie en el mundo era más importante que yo. Todo debía girar a mi alrededor. Me convertí así en un consumadoególatra, en un vanidoso enfermizo que no cesaba de mirarse al ombligo. Sin reparar en que cuanto menos pensaba yo en mí mismo, menos desgraciado era.

Entretanto, llegué a gastarme en un solo mes más de trescientas mil pesetas en consultorios telefónicos de astrología y tarot... ¡Trescientas mil pesetas de las de entonces! Trabajaba desde diciembre de 1999 en la revista económica *Capital*, de la que era subdirector, y mis ingresos habían mejorado. Pero aun así, mi sueldo no alcanzaba para cometer semejantes excesos. De nada me servía llenar el bolsillo de dinero si tenía un agujero en él. El dinero era así en mis manos un mal amo, en lugar de un buen criado.

Cuando quise darme cuenta, me vi envuelto en un falso mundo de predicciones que rara vez se cumplían. Y lo más curioso de todo era que, aun sabiendo que las locutoras que me atendían con amabilidad al otro lado del teléfono eran unas completas farsantes, seguía enganchado a sus consultas. Hasta tal punto llegaba mi soledad.

Permanecí todo ese tiempo incapacitado para amar. Qué fuerte, ¿verdad? Pues lo estuve. Ninguna de las mujeres que conocí entonces podía llenar mi corazón, cerrado a cualquier amor, empezando por el de Dios. Me servían, eso sí, de simple distracción para matar el tiempo.

Vivía en un mundo de apariencias que no me ofrecía el menor aliciente que valiese la pena. Materialmente lo tenía todo, pero eso no me hacía más feliz. Al contrario, cada vez me sentía más desgraciado.

Residía en una casa con todas las comodidades, en compañía de Fermín, un loro gris de cola roja al que no soportaba y que acabé vendiendo a los dueños de una pajarería; y tenía un *Golf GTI 16 válvulas* que corría que se las pelaba, con una rubia o una morena, daba igual, en el asiento del copiloto.

Fumaba habanos, hasta cuatro al día. Pero el más exquisito era siempre el que consumía en la sobremesa con el capitoste de alguna empresa importante o de un gran banco en un restaurante de lujo, por supuesto, cuando aún se podía fumar en locales públicos. Visité todos los fogones más exclusivos de la capital: desde *Horcher* y *Jockey*, hasta *Club 31* o *Jai Alay*, pasando por *Mayte Commodore* y *La Casa de la Troya*, donde servían unas mariscadas de aúpa. Siempre gratis total, ya fuese invitado por el mismo anfitrión o por la empresa donde yo trabajaba.

Sin saberlo entonces, el demonio trataba de inducirme poco a poco a la desesperación. Lo hacía de forma ladina, como él siempre se comportaba: ofreciéndome, uno tras otro, los placeres de la vida. Pero todos esos deleites, insisto, me hacían cada vez más esclavo de mis pasiones, convirtiéndome en un despojo humano al que sólo un milagro podía rescatar del lodazal.

Agradezco infinitamente a Dios que nunca, durante esos meses tan tenebrosos, tuviese la firme tentación de suicidarme; aunque de haber seguido por ese camino, no descarto la posibilidad de haber puesto fin a mis días arrojándome por el Viaducto de la calle Segovia, donde tantos otros desgraciados sucumbieron para arder probablemente en las llamas del infierno por toda la eternidad.

Debo añadir que el Señor me preservó también de las drogas y de cualquier tipo de perversión sexual. Años después, cayó causalmente en mis manos el testimonio escrito de monseñor José López Ortiz, antiguo obispo de Tuy-Vigo, que me conmovió mientras lo leía, recordándome lo que yo había sido capaz de hacer lejos de Dios.

López Ortiz había conocido a San Josemaría Escrivá de Balaguer en la Universidad de Zaragoza, en junio de 1924. En 1936 le oyó hablar del Opus Dei por primera vez; y en septiembre de 1976, un año después de fallecer el fundador del Opus Dei, dejó escrito su testimonio como si barruntase ya que algún día se iniciaría su proceso de beatificación.

Concluida la Guerra Civil, don José Ortiz recibió un documento político en el que se calumniaba de manera atroz a Escrivá de Balaguer. Le pareció un deber llevarle el original, que le había dejado un amigo suyo:

los ataques eran tan furibundos que, mientras el fundador del Opus Dei leía con pasmosa calma esas páginas en su presencia, no pudo evitar que se le saltasen las lágrimas.

Cuando San Josemaría terminó la lectura, al ver la pena de su amigo se echó a reír y le dijo con heroica humildad:

—No te preocupes, Pepe, porque todo lo que dicen aquí, gracias a Dios, es falso; pero si me conociesen mejor, habrían podido afirmar con verdad cosas mucho peores, porque yo no soy más que un pobre pecador, que ama con locura a Jesucristo.

Y, en lugar de romper toda esa sarta de insultos y difamaciones, le devolvió los papeles para que su amigo los pudiera devolver a su lugar:

—Ten —le dijo—, y dáselo a ese amigo tuyo, para que pueda dejarlo en su sitio, y así no le persigan a él.

Si un santo de pedestal como Escrivá de Balaguer se reconocía capaz de «cosas mucho peores», imagínense entonces en el caso de un servidor.

Pero el Señor, con su infinita Misericordia, iba a sacarme poco a poco de aquel averno terrenal sin que yo ni siquiera lo sospechase, ayudándome a entender que únicamente el sufrimiento podía convertir un corazón de piedra en un corazón humano. Y que sólo con Amor podría librarme de mí mismo, porque un hombre lleno de ego está siempre vacío.

10

EL FLECHAZO

—¿Paloma...?

Enseguida reconocí aquella voz vibrante al otro lado del teléfono.

Era miércoles, 24 de noviembre de 1999.

—¿Qué tal, Ana? —contesté.

—¿Te dije que te llamaría o no?

—Ya veo que cumples tus promesas.

—Siempre lo he hecho, para bien o para mal.

—¿Estás en el trabajo?

—Sí, pero mi jefe no sabe con quién hablo —explicó ella, atenuando la voz, para que nadie más pudiese escucharla.

—Bueno, dime... —añadí, presintiendo el motivo de su llamada.

—¿Tienes algo que hacer este sábado?

—¿Por la noche?

—Pues claro, boba.

—Nada, la verdad.

—Tengo un plan que te va a chiflar.

—¿Qué plan? —pregunté, por decir algo.

—Me han invitado a cenar en casa de unos amigos y me gustaría que me acompañases. Conozco a dos tíos que van a ir también: están buenísimos. Uno de ellos es el dueño de la casa, vive solo y está libre de compromiso. ¿Qué me dices, eh...?

—¿Dónde es la cena?
—En un piso del Paseo de la Castellana, pero no te preocupes porque yo te recojo en tu casa sobre las nueve y nos vamos juntas con otra amiga que vive en la urbanización de La Florida. Bueno, ¿qué...?
—Estupendo, claro. El problema es mi hijo pequeño.
—Pues déjale con tu hermana. ¿No me dijiste que vivías con ella?
—Sí, pero antes debo preguntarle a ella si puede quedarse con él.
—Hazlo y me dices algo enseguida, ¿vale?
—Descuida.

Colgué el teléfono sin muchas ganas de acudir a esa cena.

Estuve a punto incluso de llamar a Ana para ponerle como excusa que mi hermana no podía hacerse cargo del niño. Pero al final me dejé llevar por la inercia y acudí a la cita. ¡Qué diantre!

Quizás pensase, en el fondo, que era una buena oportunidad para encontrar al príncipe azul que buscaba; aunque, creyendo conocer bien a Ana, el tipo de hombres con los que ella se relacionaba debían ser pájaros de cuidado. No dudaba de que fueran guapos, y seguro que como coleccionistas de amantes no tenían rival. Y yo no buscaba eso, sino al perro fiel con quien compartir el resto de mis días con una entrega incondicional por ambas partes.

Estaba harta ya de desengaños amorosos. No es que hubiese salido con muchos chicos ni fuese una especie de vampiresa, como podía serlo Ana.

Al contrario: mantuve sólo una relación con la persona con quien me «casé». Pero antes de cometer el mayor error de mi vida, rechacé a varios pretendientes porque lo único que parecía importarles era meterme mano a la menor ocasión.

Recuerdo que a uno de ellos, tras intentar mordisquearme la boca a traición, le solté un guantazo en plena cara que resonó como si hubiese aplastado un abejorro con el tomo de una enciclopedia para evitar que me picara. Aquel sopapo contuvo a buen seguro su libido.

El chico se retiró muy enfadado y nunca más volví a verle. Ni falta que me hizo, la verdad.

Por si fuera poco, mi madre se había encargado de indisponerme con los hombres, repitiéndome hasta la saciedad, desde que era adolescente, que todos eran iguales y buscaban lo mismo: revolcarse en la cama contigo para decirte luego, como si tal cosa: «Adiós, muñeca».

Aun así, yo no perdía la esperanza de encontrar a mi príncipe azul. Tal vez lo hubiese idealizado en mi corazón, pero algo me decía por dentro que debía existir en algún lugar, por recóndito que éste fuera.

Llegó el sábado. Ana me esperaba puntual en el portal de mi casa, a bordo de su *Mini* azul marino. Poco después, enfilábamos ya la carretera de La Coruña para recoger a Beatriz, Bea, la amiga de Ana, que vivía con sus padres en un chalet imponente de dos plantas, rodeado de un jardín con piscina que debía tener por los menos dos mil metros cuadrados, en una de las urbanizaciones más exclusivas de Madrid.

Bea era dos o tres años más joven que nosotras. Vestía, como Ana, blusa y cazadora vaquera, con unos *jeans* desteñidos y rotos. Ambas calzaban también botines de cuero. Hubiesen parecido gemelas de no ser porque, a diferencia de su amiga, Bea era morena azabache, con la melena larga y suelta como la mía, aunque un poco más alta que yo, pero no tanto como Ana. Tenía unos ojos verdes muy llamativos, enmarcados por unas largas cejas. No es que fuera un primor, pero por su aspecto podía engatusar a cualquier hombre con un mínimo de gusto, aunque la belleza fuese una carta de recomendación a corto plazo.

Al lado de las dos, me sentía extraña; parecía mayor de lo que realmente era por mi forma de vestir, pues conservaba aún la ropa que había llevado mientras convivía con una persona celosa que nunca me había dejado arreglarme.

Además, presa del desencanto con que vivía, no me importó volverme a poner lo que tenía a mano, en lugar de irme de tiendas a buscar ropa más coqueta. Lucía así aquella noche un jersey gris de cuello alto con pantalón de pana del mismo color, chaqueta a juego y botas marrones de montar.

«¿Quién diablos va a fijarse en mí con esta pinta?», pensaba yo, sentada delante en el vehículo, mientras Ana y Bea no paraban de chismorrear y de reírse.

—¿Te acuerdas de Ernesto? —preguntó Bea, cubriéndose un lado de la cara con la mano, en señal de pesadumbre.

—¿El chico pelirrojo que intentó ligar conmigo el pasado fin de semana en *Gabana*? —repuso Ana, cínica, como si aludiese a un monigote de feria.

—El mismo —asintió su amiga.

—No me digas que viene también a la cena.

—Me enteré esta misma mañana —confirmó ella, soltando una risotada.

—Mira que eres mala.

—Yo no. En todo caso Ricardo, que le ha invitado a casa de Chema.

—¿Y quién es Ricardo para invitarle a una casa que no es la suya?

—Pues el amigo de Chema, ¿no te fastidia?

—Vaya confianza ciega, porque mira que Ernesto es insoportable —se lamentó Ana.

—¿Y quién es Chema? —intervine yo finalmente.

—¡Oh! Disculpa que no te haya hablado de él —se excusó Ana.

—Es periodista y trabaja en el periódico *El Mundo* —se anticipó Bea.

—¿Le conocéis desde hace tiempo? —añadí.

—No, qué va, hará poco más de un mes. Estando una noche en *Gabana*, se acercó él con Ricardo a la pista donde bailábamos Bea y yo —aclaró Ana, guiñándole un ojo a su amiga a través del retrovisor.

—Es muy simpático —comentó la aludida.

—¿Seguro que nada más...? —sugirió Ana, con una sonrisa pícara.

—Tú sí que eres traviesa —replicó ella, a punto de sonrojarse.

Me llamó la atención que Ana, al hablarme por primera vez de la cena el miércoles anterior, aludiese a que el anfitrión estaba libre de compromiso y que ahora hubiese quedado de manifiesto que a Bea le gustaba Chema.

Las mujeres tenemos un sexto sentido para cazarlas al vuelo. No me gustó que ella, sabiendo de sobra eso, hubiese utilizado a Chema como cebo para que yo asistiese a la cita. Concluí así que Ana y Bea eran simples compañeras de juergas, que distaban mucho de ser verdaderas amigas.

Siguiendo con mis reflexiones mientras nos aproximábamos a la plaza de Castilla, deduje también que Ana, aun siendo como era, debía beber los vientos por el tal Ricardo y que entre ella y Bea habían reservado para mí el indigno papel de *carabina*, adjudicándome al tercero en discordia, es decir, al pelirrojo de Ernesto.

Me convencí así de ser la víctima de una treta cruel. Pero lo que no sabían ellas era que el tiro iba a salirles finalmente por la culata.

Aparcamos el coche al otro lado de la plaza de Cuzco, en una especie de vía de servicio paralela a la Castellana.

Poco después, Ana pulsó el timbre del portero automático de un bloque de siete plantas de pisos y apartamentos. Chema nos abrió la puerta desde arriba. Nada más verle, supe que era el hombre de mi vida. El príncipe azul con el que había soñado desde niña. Ahora lo tenía delante de mis narices. Así que hice un esfuerzo supremo para disimular mis nervios cuando me lo presentaron. De haberlo sabido antes, me hubiese calzado aquella noche unos zapatos de tacón alto para poder mirarle mejor a sus ojos pardos, a más de metro noventa del suelo. Siempre me atrajeron los hombres altos. Y para colmo, también los morenos aceitunados como él. Detestaba, en cambio, a los rubios de ojos azules, como su amigo Ricardo, porque me resultaban melindrosos con su piel tan blanquecina y sus rasgos aniñados. Prefería mil veces los rostros recios y curtidos, con ademanes varoniles.

Le sentaba genial a Chema su melena larga y brillante, como la de Antonio Carmona, el solista de Ketama.

Recuerdo muy bien cómo iba vestido aquella primera vez que le vi: camisa azul de cuadros de *Ralph Laurent* con pantalón de pana crudo, que resaltaba aún más su gran tipo, y zapatos de ante marrón con cordones.

Era imposible que un hombre con una facha semejante pudiese fijarse en mí. Y no digamos ya si llegaba a enterarse de que acababa de separarme y encima tenía un hijo de dos años que vivía conmigo.

El piso no era muy grande, pero estaba muy bien distribuido y decorado. Las paredes eran lisas, pintadas en un tono ocre claro, y las puertas lacadas en blanco. A un extremo del salón, cuya terraza estaba cerrada con aluminio, había una cocina americana con modernos electrodomésticos, adornada con una barra maciza de madera añeja.

Al fondo estaba el amplio vestidor y justo al lado el único cuarto de baño, frente a un solo dormitorio también, muy espacioso, con una cama de matrimonio de dos metros de largo que parecía destinada a un gigante como Gulliver.

Pero lo que más me sorprendió de aquella casa fue su formidable biblioteca. Calculé a simple vista que sólo en los anaqueles del salón podía haber alineados más de medio millar de volúmenes, la mayoría encuadernados hacía por lo menos un siglo. Me acerqué a una de las estanterías para distinguir algún título en el lomo de piel: había muchos de historia y, en concreto, sobre los Borbones.

Empezamos a colocar, mientras tanto, sobre la mesa de centro del salón las bandejas de canapés, sándwiches, croquetas y embutidos ibéricos que Chema había encargado previamente en la pastelería *Mallorca*.

Resultó ser una cena informal, que nos reunió a todos sentados confortablemente cada cual en un tresillo, dos sofás o un butacón a juego, mientras charlábamos y oíamos música agradable de fondo.

Debo decir que la conversación resultó insustancial para mí en líneas generales. Escuchaba sólo a Chema, aunque oyese a todos los demás. Tenía la sensación de estar solos él y yo allí.

Me llamó la atención su facilidad de palabra y la forma de gesticular con las manos para enfatizar o restarle importancia a lo que decía. Me encantaban sus manos grandes y vigorosas, rematadas por unos finos y largos dedos de pianista. Cada vez que tomaba él la palabra era como si me hipnotizase.

El tiempo se me pasó volando. Cuando quise darme cuenta, era ya casi la una de madrugada. A esa hora, mi hijo estaría ya soñando con los angelitos al cuidado de mi hermana, que seguramente estaría viendo algún programa en la televisión.

—¿Tomamos una copa fuera? —sugirió Ricardo, de repente.

—Me parece una idea genial —le secundó Bea, tras consultar con la mirada al anfitrión.

—Está bien, si os apetece podemos ir a un sitio cerca de aquí: propongo *Al Andalus*, en la calle Capitán Haya —dijo Chema.

Asintieron todos, incluida yo, que aborrecía los locales de flamenco rociero con actuaciones en directo, pese a que mi madre conociese a *La Chunga* y hubiese bailado descalza con ella durante las vacaciones de verano en el hotel Trías de Palamós, en el corazón de la Costa Brava.

Pero, como era lógico, no era yo la más indicada para hacer objeciones. De modo que fuimos hasta allí en dos coches, aunque caminando hubiésemos tardado en llegar menos de quince minutos.

Poco después, volvíamos a estar sentados en torno a una mesa redonda de madera, compartiendo unos finos y manzanillas.

Ricardo parecía ser el más flamenco de todos. Impulsado por el ritmo alegre y desenfadado de la música que resonaba por los bafles, se ofreció enseguida a bailar con Ana una sevillana sobre el tablao. Y justo cuando Bea se dispuso a imitarles, creyendo que Chema le acompañaría, éste se adelantó:

—Sácala tú a bailar, Ernesto. Yo me quedo un rato hablando con Paloma.

Fue así como, sin dar crédito a lo que sucedía, me vi por primera vez a solas con mi príncipe azul. No sabía qué decirle. Menos mal que él rompió el hielo:

—¿Qué tal lo estás pasando? —sonrió.

—Genial, gracias.

Mi respuesta fue de concurso.

—Ya me ha contado Ana —añadió— cómo os volvisteis a ver después de tantos años.

—Fue increíble, la verdad, pero yo la reconocí en el acto.

—¿Y ella a ti, no? —se sorprendió.

—Tuve que repetirle mi nombre.

—¿Tanto has cambiado desde entonces?

—Bueno, ahora estoy más delgada.

—Y no te sienta nada mal.

Fue el primer piropo que escuché de sus labios. Me sentía tan desgraciada entonces, que ese simple comentario me dio alas al instante, como un *Red Bull*.

—Gracias —acerté a decir, ruborizada.

—Lo digo en serio. Por cierto, ¿dónde vives?

—En Galapagar.

—Cerca de Ana, claro. ¿Y por qué tan lejos...?

Chema era uno de esos periodistas de raza que nunca estaban de vacaciones, ni siquiera de madrugada en un tablao flamenco.

—Verás, es una historia un poco larga de contar.

—Entiendo.

—¿Te ha comentado Ana algo más sobre mí? —pregunté, amilanada.

—Sí, me ha dicho que acabas de separarte y que tienes un hijo.

Sentí de pronto una punzada terrible en el estómago y unas ganas irrefrenables de salir corriendo de allí. Mi cara debió ser el espejo del alma, a juzgar por la reacción fulminante de Chema:

—Tranquila, no eres la única que has pasado por ese difícil trago.

—¿Lo dices por ti? —añadí tímidamente.

—Yo también estoy separado. Y lo peor de todo es que tengo dos hijos que tampoco tienen la culpa.

—¿Niños? —dije ya más calmada.

—Niño y niña, de siete y cuatro años —precisó.

—Sufrirás mucho...

—Sólo tú puedes comprenderme.

—¿Viven con su madre?

—Sí. Les echo terriblemente de menos...

—Puedo imaginármelo.

Aquel diálogo breve, interrumpido por Bea con gesto destemplado, sabedora de que la mujer, como el elefante, nunca olvidaba, bastó para darme cuenta de que bajo la máscara amable y entusiasta de Chema se escondía un auténtico drama personal. La biografía inconclusa de un hombre que había sufrido mucho y que todavía seguía haciéndolo en silencio, sin que nadie de los que le rodeaban entonces supiese calibrar la enorme angustia y soledad de su mundo interior.

Me pidió el teléfono para llamarme algún día. Y se lo di, cómo no, deseando más que nada en el mundo que lo hiciese cuanto antes. Estaba cada vez más convencida de que era el hombre de mi vida, y empecé a rezar aquella misma madrugada para que algún día pudiésemos estar juntos. Hacía falta un milagro para eso, pero yo seguía creyendo en ellos a pesar de todo.

Anoté ya siempre aquella fecha en la caja registradora de mi cerebro: sábado, 27 de noviembre de 1999. La primera vez que vi a mi príncipe azul.

11

LA HUIDA

Conocer a Paloma fue lo mejor que pudo sucederme entonces y siempre.

Era una mujer distinta de cualquier otra con la que había salido. Un ser humano especial que no me sedujo al principio por sus encantos físicos, los cuales descubriría más tarde hasta caer rendido a sus pies, sino por su ternura y cariño inefables.

Nadie imaginaba ni siquiera las toneladas de afecto que yo necesitaba. Sólo ella, que sabía escucharme siempre con mirada comprensiva, reparó pronto en mi carencia vital, supliéndola con altas dosis de una infalible receta: su amor sincero, que me hizo sentir al fin querido.

Es increíble y admirable al tiempo que ella, que tanto sufría también, sólo hallase consuelo entregándomelo todo; aun en los mayores disgustos, siempre conservaba el deseo de agradar. Había nacido para el amor hasta el punto de que sólo parecía vivir cuando amaba.

Desde que la conocí, ninguna otra mujer fue capaz de llenar mi corazón como ella. Podía salir a cenar con la rubia más despampanante del mundo y llevarla luego a bailar a la discoteca de moda que luego, al regresar a casa, volvía a sentirme muy solo aunque estuviese acompañado. Curiosa paradoja.

Y cuando me convencí realmente de que hasta qué punto anhelaba su presencia, la telefoneé sin más demora. Sucedió el 20 de diciembre, tres semanas después de conocerla, mientras recogía una cesta de Navidad en casa de mi madre, donde algunas empresas enviaban todavía sus obsequios navideños manteniendo por error esa antigua dirección en sus listados.

La cesta no era tan paupérrima como las de hoy, en plena crisis económica. Aquella debía pesar por lo menos quince kilos: incluía una pata de jamón de Jabugo, botellas de cava y un surtido de latas y embutidos ibéricos, entre otros suculentos manjares.

Mientras la arrastraba con las piernas hacia el ascensor, marqué el número de Paloma.

—¿Chema...? —contestó ella, sin mucho convencimiento, al otro lado del teléfono.

—Sí, soy yo. ¿Es que ya no me recuerdas? —dije, para probarla.

—¡Pues claro que te recuerdo! —exclamó ella, revelando su inocencia.

—Yo tampoco te he olvidado. Ya ves que te llamo.

—Me alegra mucho hablar contigo de nuevo.

—Y a mí...

La telegráfica conversación arrancó como si fuese un acto de conciliación en el que una persona se limitaba a asentir una y otra vez a lo que la otra le decía, y viceversa.

—¿Cómo estás? —añadí, faltándome el aliento.

—¿Te pasa algo...? —dijo ella, en vilo.

—Nada, solo que acabo de meter una cesta de Navidad en el ascensor y pesa como un muerto.

—Bueno, con todo lo que llevará dentro seguro que recuperarás las fuerzas —bromeó ella.

—Tengo ganas de volver a verte —confesé.

Sonó a declaración en toda regla. Por primera vez en mucho tiempo, reparé en que había dicho la verdad a una mujer sobre lo que sentía por ella. Parecía como si conociese a Paloma de toda la vida. Y esa misma sensación la tuvo ella, según reconoció luego.

Percibí entonces una emoción contenida al otro lado del teléfono.

—¿De veras...? —dijo con un balbuceo casi imperceptible.

—Sí, Paloma: me encantaría poder estar contigo otra vez. Aunque lamento que deba ser ya el año que viene, porque tengo un viaje en los próximos días —le expliqué.

—¿Dónde te vas...?

La noté descorazonada, como si la hubiese decepcionado.

—A casa de unos amigos, junto al mar —mentí.

—¿Algún lugar en especial?

—Marbella —volví a mentir.

—Caray, allí no te aburrirás —apostilló recelosa.

—Prometo llamarte.

Esta vez sí dije la verdad. Pero no me iba a Marbella con unos amigos. Quise provocarle celos diciéndole eso, porque en el fondo, aunque supiese que Paloma era distinta de las demás mujeres, tenía miedo de que si empezaba una relación con ella pudiese fracasar también. Sentía pánico ante la posibilidad de sentirme rechazado de nuevo, como había sucedido en mi «matrimonio» y más tarde con aquella chica despechada, tras la muerte de mi madre.

Mi fama de rompecorazones era en realidad un subterfugio para disimular mi frustración sentimental. Igual que Paloma, yo seguía buscando una relación estable. Perseguía un matrimonio válido a los ojos de Dios. Ansiaba fundar una familia con unos hijos que pudiesen sentirse queridos, viendo a sus padres enamorados de verdad. Pero aún no había dado el paso necesario para conseguir todo eso.

Me daba vergüenza también que Paloma averiguase tan pronto mi tremenda soledad, aunque ya pudiese intuirla; así como que nadie fuese capaz entonces de brindarme el cariño que tanto necesitaba.

El 24 de diciembre, Nochebuena, aprovechando unos días de vacaciones en la revista *Capital* a la que acababa de incorporarme, subí solo al coche dispuesto a tomar la autovía rumbo a Alicante.

A esas alturas, Paloma constituía ya la única esperanza femenina de mi vida.

Aunque seguía alejado de Dios, había empezado a distinguir ya los destellos de esa maravillosa mujer que me serviría de acicate para retornar a Él, años después. Supe así, en aquel viaje solitario, que Paloma era la mujer por quien valía la pena luchar.

Recordé, una vez más, la promesa hecha a mi madre en el lecho de muerte. Y empecé a barajar la posibilidad de que ella me la hubiese enviado desde el Cielo para que fuésemos felices juntos algún día cerca de Dios.

Es doloroso decirlo, pero yo no tenía a nadie con quien pasar aquellas Navidades, mientras todos mis amigos se reunían a celebrar las fiestas con el calor familiar.

Me marché de Madrid por esa razón. Era un modo de huir de mi soledad. Únicamente Paloma me servía de compañía, aunque fuese a distancia.

Empecé enviándole un mensaje desde el móvil y enseguida obtuve respuesta. Establecimos así una conversación escrita que si me hubiese sorprendido la Guardia Civil, se me habría caído el pelo. Pero la necesidad de contactar con ella, aunque fuera de ese modo tan frío y lejano, era más fuerte que el riesgo de sufrir una grave sanción de tráfico.

Mientras redactaba uno de esos mensajes, estuve a punto de salirme de la autovía al coger una curva. Ignoro todavía cómo tuve tiempo de dar un volantazo para recuperar el control del vehículo. Fue un auténtico milagro salir con vida de aquella desesperada maniobra a más de noventa kilómetros por hora, pero el Señor tuvo compasión de mí.

Llegué a Alicante sobre las dos de la tarde dando gracias a Dios. El cielo estaba casi despejado y en la ciudad se respiraba un aire navideño en los escaparates de las tiendas. La fachada principal de El Corte inglés era un mar de bombillas de colores, apagadas durante el día, que formaban en conjunto una bella imagen del Belén.

Distinguí al fondo, en lo alto del monte Benacantil, el soberbio castillo de Santa Bárbara desde el que se divisaba toda la bahía de Alicante. Pero antes de pasar junto a él para tomar la carretera que conducía hasta la playa de San Juan, a donde me dirigía, recordé de repente que mi padre yacía sepultado en el cementerio municipal. Así que di marcha atrás con el coche e hice el cambio de sentido para visitar su tumba.

Había estado junto a ella la última vez con mi madre, en el verano de 1998, depositando unas flores secas sobre su lápida y orando por él. Y ahora me dispuse a hacer lo mismo yo solo. Aparqué el coche junto al camposanto y, tras adquirir un ramo de claveles rojos y blancos en una floristería próxima, me encaminé hacia una de las puertas laterales. En el interior del cementerio no había ni un alma. Debían estar ya todas repartidas entre el Cielo, el Purgatorio y el Infierno.

La de mi padre gozaba ya sin duda en el Paraíso. Pero sus restos, a modo de reliquias, se conservaban todavía en el interior de aquella fosa cubierta con una losa de mármol en cuya superficie encargamos en su día cincelar una de las jaculatorias predilectas de San Josemaría Escrivá de Balaguer, que tanto le gustaba repetir a mi padre en latín durante su ardua lucha ascética, aceptando siempre la voluntad de Dios: *Omnia in bonum* [*Todo es para bien*, cfr. Rom 8, 28].

Volví a recitarla aquella tarde, tras rociar con agua su lápida con una pringosa manguera, para poder distinguirla mejor.

Pedí entonces a mi padre que me ayudase desde Arriba. Él y yo sabíamos cuánto lo necesitaba.

Consulté finalmente el reloj: eran las tres de la tarde. Pero no reparé entonces en que a esa misma hora el Señor había muerto crucificado de amor en remisión de todos nuestros pecados, dos mil años atrás: mi alma adormecida carecía aún de sensibilidad para captarlo.

Poco después, volví sobre mis pasos hacia el coche para poner rumbo a una cafetería céntrica donde saciar mi escaso apetito.

Deseaba asomarme cuanto antes al mar. Necesitaba aspirar las bocanadas de su brisa fresca para calmar mi asma existencial. Sentía como si me ahogase. La misma sensación que tuve durante mi separación matrimonial. Nadie supo jamás con detalle, excepto mi madre y yo, el tormento que pasé entonces. Combatía mi aflicción nadando un kilómetro diario en una piscina cubierta de Madrid. Mientras me duchaba luego con agua caliente, sentía un alivio indescriptible. Nunca como entonces comprobé en propia carne la veracidad del aforismo latino de las Sátiras de Juvenal: *Mens sana in corpore sano*.

Alcancé a ver por fin el mismo mar que había contemplado desde mi más tierna infancia, la primera vez que mis padres me llevaron hasta la orilla con un flotador con unos patitos amarillos estampados. Conservo aún varias fotografías en blanco y negro de aquella época, en el interior de un pequeño álbum de piel que hallé entre los objetos personales de mi madre, tras su muerte.

Con apenas seis años, tenía pavor a las olas que rompían a escasos metros de distancia de donde yo estaba, aferrado a la mano enorme de mi padre.

Pero cuando aquel mismo verano de 1968 mi señorita de compañía me arrojó desprevenido a la piscina de la urbanización, perdí por completo el miedo al agua. Aprendí a nadar tan rápido y bien, que con doce años gané ya una medalla de oro compitiendo con chavales dos años mayores que yo.

Aquella tarde recorrí la playa de arena de un extremo a otro, hasta llegar a las rocas que bordeaban la costa; las mismas que con quince años había esquivado para no chocar contra ellas, mientras remaba peligrosamente junto con dos amigos a bordo de una lancha de goma que era muy fácil de pinchar.

Ahora, en lugar de observarlas desde el bote, lo hacía caminando con cuidado sobre ellas para no resbalarme con las suelas de cuero.

Los rayos del sol se reflejaban a esa hora sobre el agua como en un espejo esmerilado, que cubría en parte la superficie de las rocas salpicadas de pequeños moluscos, como caracoles y mejillones, asidos a ellas por los filamentos del biso.

Algunas rocas se asemejaban por su forma alargada a un caimán dorado que soltara espuma por la boca con el batir de las olas.

Me hallaba en el extremo más oriental del Cabo de Huertas, que separaba la bahía de Alicante de la playa de San Juan. Pasé junto al faro de señalización para los barcos, en dirección a las calas de la Palmera, los Cantalares y los Judíos, elegidas por los nudistas en verano para relajar sus cuerpos al sol, alejados de los curiosos.

Poco después, sentado en una roca, contemplaba ya la grandeza del Mediterráneo y, en el horizonte, la mole del Puig Campana, la montaña más emblemática de la Costa Blanca, con más de mil cuatrocientos metros de altitud.

Una bandada de gaviotas sobrevoló la zona donde yo estaba, graznando con aspereza. Colonias enteras de ellas anidaban en los riscos cercanos.

Fue entonces cuando saqué el móvil del bolsillo para llamar a Paloma. Deseaba hablar con ella más que nunca en ese instante de paz. Tecleé su número de teléfono, pero esta vez ella no lo cogió. Gracias a Dios, mi decepción resultó fugaz, pues al cabo de cinco minutos me devolvió la llamada:

—Lo siento, pero no podía hablar contigo. No quería que mi hermana me escuchase en el coche —se disculpó.

—No te preocupes —le dije.

—¿Qué tal tú en Marbella? —preguntó con retintín.

—Genial. Estamos ahora en el mar. Precioso... Y tú, ¿dónde estás?

A esas alturas debía tener ya la napia como la de Pinocho.

—Acabo de llegar a casa de mis padres para cenar y he salido al jardín para poder hablar contigo. ¿Con quién estás, por cierto...?

Su tono de voz la delató ya del todo.

—¿No te dije que me habían invitado unos amigos? —repuse, enigmático.

—¿Y amigas...?

—Pues claro.

El silenció se hizo el ruido más fuerte, quizá el más fuerte de los ruidos.

—Paloma, ¿sigues ahí? —consulté, temiendo que me hubiese colgado.

—Sí, dime... —contestó al fin con desgana.

La noté enojada, como yo pretendía; pensaba que así me echaría de menos.

—¿Mañana cenas también con tus padres?

—No. Comeré con ellos, pero luego me iré a casa sola.

—¿Sola? —dije extrañado.

—Bueno, sola no. Mi hijo estará conmigo, pero él se duerme siempre muy pronto. Además, mi hermana ha quedado a cenar en casa de una amiga.

—Estoy deseando verte, ¿sabes?

—Eso se lo dirás a todas.

—Te lo digo a ti.

—Ya...

—En cuanto regrese a Madrid, te llamaré para vernos. Si quieres, claro —añadí, provocativo.

Pero ella se limitó a preguntarme con añoranza:

—¿Cuándo vuelves?

—Ya te dije que el año que viene. Tengo vacaciones hasta después de Reyes.

—¿Y no piensas venir hasta entonces?

—En principio, no. Pero ya veremos...

Cuando colgué el teléfono, me sentí cruel. Pero era parte del juego de amor que ella muy pronto entendería.

¡Cuántas veces, a lo largo de mi vida, había recorrido aquellos mismos parajes en compañía de mis amigos! Pero ahora lo hacía sin nadie, tratando de hallar refugio en mi soledad. Mientras ellos ultimaban ya seguramente los preparativos para las copiosas cenas de Nochebuena, rodeados de sus seres más queridos, yo guardaba en el coche unos sándwiches adquiridos en la cafetería donde almorcé, junto con una botella de *Hacienda Monasterio*, un Ribera del Duero que me traje de la cesta navideña y que pensaba tomarme al regresar a la casa donde había veraneado por primera vez con mis padres, treinta años atrás.

Recordé entonces la primera estrofa de una de las composiciones de mi padre, titulada *Mi soledad*. Parecía escrita para mí a propósito, entonces:

> *¿Qué sientes cuando vuelves*
> *a la vieja casa donde naciste*
> *y la encuentras en ruinas;*
> *cuando ves el jardín en que jugabas*
> *invadido de hierbas y alimañas?*
> *Pues eso, y mucho más,*
> *es mi soledad.*

Una vez en casa, los recuerdos de mi infancia y juventud se me enroscaron en la garganta como una anaconda, haciéndome respirar al principio con dificultad.

Todo seguía allí exactamente igual a como lo dejó mi madre antes de fallecer. En la mesa del salón había una extensa capa de polvo. Era la misma mesa a la que yo me senté una madrugada, poco después de morir mi padre, para escribir esta frase que le oí pronunciar en sueños: «El atractivo de la noche consiste en que nos quitamos el caparazón y somos tal como éramos», me dijo, mientras dormía.

Y al cabo de dieciocho años, no había conseguido despojarme todavía de esa cáscara protectora tras la cual seguía ocultando mis sentimientos. En el fondo, yo era como todos cuando estaba solo.

La casa llevaba cerrada más de un año, pero todavía se percibía en su atmósfera el aroma inconfundible de las temporadas veraniegas.

Levanté la persiana del salón para salir a la terraza. Era allí donde mejor me sentía. Me tomé como pude el par de sándwiches y consumí casi media botella del vino tan bueno que, según decían sus catadores sin escatimarle alabanzas, hacía que se te saltasen las lágrimas de placer. Aunque las mías, aquella noche, fuesen más bien de dolor.

Me acosté enseguida, deseando poner fin cuanto antes a la única Nochebuena de mi vida que pasé solo, en la misma cama donde con tanta fe había rezado la novena al fundador del Opus Dei por la curación de mi padre.

12

EL REGRESO

Aquella tarde de Navidad, mientras almorzaba con mi familia, apenas pude despegar los labios. Ensimismada, percibía la conversación entre mi madre y mis tíos como un rumor lejano, porque mis sentidos y mi pensamiento estaban a quinientos kilómetros de allí.

Cada vez que podía, me levantaba para ir a la cocina y asomarme, con la mirada perdida, a la ventana que daba al jardín sin dejar de rumiar por dentro qué estaría haciendo Chema en aquel instante. Hubiese permanecido allí sola todo el tiempo, pero me vi forzada a regresar a la mesa para que no echasen demasiado en falta mi presencia.

—Nena, ¿qué te pasa? —inquirió al final mi hermana menor, preocupada.

—Nada —disimulé mi desazón como pude.

—Tiene razón: ¿por qué le va a pasar algo? ¿Es que no veis lo guapa que está? —comentó mi padre, optimista y galante por naturaleza.

—¿Acaso yo no lo estoy? —repuso mi hermana, suspicaz.

—Tú también, hija —añadió él, conciliador.

¡Y ya lo creo que me pasaba algo!: No podía soportar la sola idea de que Chema estuviese en aquel momento almorzando en algún restaurante de la playa con una *top-model* del tipo de Claudia Schiffer, con hombros suaves y caídos, caderas redondeadas y cintura de avispa. Me ponía enferma sólo de pensar que el muy sinvergüenza pudiese estar disfrutando de ese auténtico festival de dunas junto a una playa arenosa como la de Marbella.

Sentí que él me pertenecía, como si hubiese estado predestinado desde el principio de los tiempos para compartir su vida conmigo. No concebía mi existencia sin la suya a mi lado, pese a haberle visto una sola vez. Era una atracción irresistible que nunca antes había experimentado. Necesitaba verle de nuevo aquel mismo día o al siguiente, pero no más tarde. Por eso, creí morirme cuando me dijo la víspera que volvería ya después de Reyes. ¿Iba a ser capaz de aguantar semejante eternidad sin él?

Se me cayó el mundo encima cuando, sobre las seis de la tarde, regresé a casa sola con mi hijo. Sin nada mejor que hacer, me puse a ver la televisión tratando de distraerme. Pero no podía dejar de pensar en Chema. Era una obsesión para mí. Visualizaba su rostro: la expresión grave con que se dirigía a veces a sus amigos para subrayar la importancia de sus palabras, o su atractiva sonrisa cuando celebraba alguna chanza. Y por supuesto, sus manos de artista, lo primero que me llamó la atención de él nada más conocerle, además de lo alto que era.

Imaginaba esas mismas manos deslizándose hasta mi nuca y desapareciendo bajo mi pelo, tan moreno como el suyo entonces, para ceñirme luego con fuerza a su cintura. Y a continuación un beso, aunque fuese en la mejilla, como una forma de diálogo.

Abstraída en mis pensamientos, me sobresaltó el sonido del móvil. Me apresuré a cogerlo de la mesilla, comprobando en la pantallita que era... ¡él!

—¿Chema? —contesté con celeridad, como si estuviese en juego una medalla olímpica en los cien metros lisos.
—Hola, Paloma —saludó él, cordial—. ¿Qué hacías ahora?
—Pues aquí, viendo la televisión... —dije indiferente.
—¿Qué tal fue la comida en casa de tus padres?
—Entrañable, como la de todos los años. ¿Y la tuya...?
—Muy divertida. No paramos de reír porque Alejandro, un amigo algo ganso, nos estuvo contando anécdotas muy divertidas de su estancia

en Estocolmo el pasado verano. Imagínate a un tío como él, que no alcanza el metro setenta de estatura, intentando ligar con una sueca de metro ochenta que ni siquiera sabía hablar en inglés. Ja, ja, ja...

—El pobre no sabría dónde meterse —le compadecí.

—¡Qué dices! Si la situación era ya de por sí grotesca, la forma en que él la contaba era para troncharse de risa.

—Me alegro de que te lo hayas pasado tan bien.

—Bueno, Palomita, tengo que dejarte porque me esperan para cenar.

Fue la primera vez que él me llamó por el diminutivo. Y si no hubiese sido porque estaba ya carcomida por los celos, reconozco que hasta me habría gustado.

Aún tuve fuerzas para preguntarle:

—¿Dónde vais?

—A casa de Aurora.

—¿Aurora...?

—Una amiga de Alejandro.

—¿Y es guapa? —dije, muerta de curiosidad.

—Aún no la conozco. Ya te lo diré...

De haber estado con Chema en ese preciso instante, le habría estrangulado sin miramientos. Pero a quinientos kilómetros de distancia, lo más que pude hacer entonces fue mandarle a la mierda, aunque fuese con todo el dolor de mi corazón:

—¿Sabes una cosa? —le dije, displicente.

—Dime...

—Que te lo pases muy bien con esa chica y con todas las que quieras, porque yo ya no quiero verte más.

—Pero Paloma... —acertó a decir él.

—Estoy harta de que juegues conmigo, ¿sabes?

Y le colgué el teléfono. No sé cómo tuve el valor de hacerlo, pero lo hice.

Lloré desconsolada durante varios minutos, implorando a Dios que arreglase la situación porque estaba ya muy harta de sufrir.

Eran casi las diez de la noche y mi hijo llevaba ya más de una hora durmiendo, cuando sonó de repente el timbre del portero automático.

El corazón me dio un vuelco. ¿Quién podía ser a esas horas? Mi hermana, desde luego que no. Así que, pensando que alguien se había equivocado de piso, no hice caso de la llamada y regresé al salón.

Pero enseguida alguien volvió a llamar. Levanté, ahora sí, el auricular del telefonillo preguntando con inquietud:

—¿Quién es...?

Escuché entonces, al otro lado, una voz muy familiar:

—Soy Chema. ¿Quieres abrirme la puerta?

Nada más verle entrar, aprendí que el primer beso no se daba con la boca, sino con los ojos.

—Lo siento, Palomita —se disculpó—. Sólo quería darte una sorpresa y por tu expresión veo que lo he conseguido —añadió, congratulándose.

Yo era incapaz de articular palabra, pero me sentía tan feliz... Di gracias a Dios de todo corazón por el milagro de que Chema estuviese allí para pasar conmigo las últimas horas de aquella Navidad que nunca he olvidado.

Le encontraba irresistible con sus *Levis 501*, etiqueta roja, ajustados a sus piernas tan largas y atléticas. Llevaba una camisa *Lacoste* azul y blanca, de cuadros, parecida a la de la primera vez que le vi, con un jersey azul de cuello redondo y un abrigo largo a juego, elegantísimo.

A su lado, parecía yo la Cenicienta, vestida con unos vaqueros de andar por casa, nunca mejor dicho, camiseta de algodón de manga larga y zapatillas de fieltro de *Hello Kitty*.

—Estoy horrible, ya lo sé —le dije, avergonzada.

—Nada de eso. Estás en tu salsa.

—Pero esto se avisa, ¿no?

—Prefiero la sorpresa: es mucho más romántica.

—Mira que hacerme creer que estabas en Marbella, bandido...

—Así de imprevisible soy.

—¿Cómo sabías dónde vivía?

—Ana me dio tu dirección.

—O sea, que es una sorpresa compartida.

—¿Cómo querías que hiciera, si no, para impresionarte?

—Estarás agotado del viaje.

—Un poco cansado.

—¿Has cenado?

—No, pero da igual.

—¿Quieres que te haga una tortilla francesa? Es lo más rápido.

—¿De dos huevos?

—No pensaba freír sólo uno para un chicarrón del Norte como tú.

Le noté desfallecido y un poco más delgado que cuando le conocí; las ojeras violáceas delataban su grado de agotamiento.

—Ahora mismo te traigo la cena. Tú siéntate aquí. Puedes ver la tele si te apetece.

Preparé enseguida la mesa del comedor y le serví poco después la tortilla, que se ventiló en un abrir y cerrar de ojos. Sentí no tener a mano otra bebida que cerveza y Coca-Cola, pero a él no le importó abrirse una lata de *Mahou*.

—Y ahora el postre navideño —anuncié, sirviéndole una bandeja repleta de mazapanes y turrón.

—Me encanta el blando de Jijona —celebró.

Nos sentamos en unos sillones de Ikea la mar de cómodos y estuvimos charlando hasta más de las dos de la madrugada. Le gustó mucho el belén y el árbol de Navidad, que todos los años preparaba con ilusión.

Como sucedería ya siempre, habló él mucho más que yo, relatándome la tragedia de su separación y cómo le desgarraron el corazón de padre arrebatándole a sus dos hijos.

Observé poco después que se le empezaban a cerrar los ojos de sueño. Abrí el sofá-cama de mi hermana y le indiqué que se tendiese en él. Instantes después, dormía ya como un lirón con un pijama azul que llevaba en su bolsa de viaje.

Permanecí a su lado, contemplándole en silencio, durante media hora más o menos. Respiraba hondo, sin llegar a roncar. Pedí a Dios que si realmente era el hombre de mi vida, como yo pensaba, nos permitiese estar juntos para siempre algún día.

Aquella madrugada sólo pude conciliar el sueño alrededor de tres horas. A las ocho, me despertó mi hijo para que le diese el desayuno. Le preparé un *Cola-Cao* con trocitos de galletas *María Fontaneda*.

Chema durmió un poco más, pero a las nueve ya se había duchado y estaba listo para salir a la calle.

—¿Quién es esta personita? —preguntó a mi hijo nada más verle, mientras le revolvía cariñosamente el pelo antes de besarle en la frente.

Por su forma de acariciarle, me convencí de que Chema sufría aún mucho a causa de sus hijos.

Poco después, bajamos los tres a desayunar en una cafetería próxima decorada con sillas de mimbre blancas y mesas redondas de cristal, donde servían unos cruasanes exquisitos. Tomamos primero un zumo de naranja cada uno, y a continuación los cafés con la repostería a la plancha que untamos con mantequilla y mermelada.

Mientras conversábamos animadamente, cogidos de la mano por el parque, mi sexto sentido me avisaba de que la conquista no iba a resultar tan fácil. Y por desgracia, no me equivoqué: herida en su amor propio, Bea persiguió a Chema en los días siguientes para estar con él.

Incluso cuando me quedé embarazada de Borja, tres meses después, intercepté casualmente un mensaje suyo al móvil de Chema diciéndole así, por las buenas, que no podía vivir sin él. Conseguí su teléfono y quedé con ella para hablar.

La conversación, celebrada en una cafetería de la calle Serrano muy cerca de donde ella trabajaba, fue muy desagradable porque las dos estábamos enamoradas del mismo hombre. Cuando le dije que esperaba un hijo de él, saltó sobre mí como una hiena herida:

—¡Pero qué dices!
—Lo que oyes.
—Eso no es verdad. Es una treta tuya para atraparle.

Las mujeres sabemos muy bien cómo hacer daño, y aquellas palabras se clavaron como dentelladas en mi corazón de gacela.

—Es cierto —insistí.
—¿Lo sabe Chema?
—Claro que lo sabe.
—¿Y sigue viéndote de todas formas?
—Oye, ¿tú quién te has creído que soy yo?
—Una buscona.

Si no hubiese sido porque estábamos en un local público, la habría abofeteado y tirado de los pelos, como se merecía. Pero al final me contuve.

—No sabes lo que dices. Yo le quiero, ¿sabes?

No lo entendió, o no pudo entenderlo. Pero gracias a Dios, Chema rompió definitivamente con ella.

La mañana del sábado 15 de abril, partimos juntos en coche desde Madrid para pasar unos días con sus hijos y el mío en la ciudad donde residían con la madre, aprovechando el inicio de las vacaciones de Semana Santa.

El viaje era muy largo. Pensé en los palizones que debió darse el pobre Chema recorriendo solo al volante un millar de kilómetros seguidos por esas carreteras del norte repletas de curvas. Nada más que el amor de un gran padre podía justificar un esfuerzo tan sobrehumano.

Nos detuvimos para almorzar casi a mitad de camino, en un restaurante donde servían una de las mejores carnes guisadas que he probado en mi vida, junto con la de mi antigua asistenta Maribel, la cual rematamos, de postre, con una riquísima tarta de queso.

Habíamos alquilado dos habitaciones en un hotel en los alrededores de la ciudad para estar con los hijos de Chema hasta el miércoles; justo la mitad de las vacaciones, como disponía la sentencia de separación.

Fueron unos días inolvidables en los que palpé el gran cariño que Chema profesaba a sus hijos, y viceversa, el cual se prodigó en todos y cada uno de los momentos que pasamos juntos luego en verano, Semana Santa y Navidad.

Me sentía ya entonces la mujer más feliz del mundo. Pero esa sensación no era más que el preludio de lo que estaba aún por llegar.

13

A TUMBA ABIERTA

Paloma y yo nos enfrentábamos juntos a una nueva vida llena de ilusiones y desafíos, conscientes de que el sufrimiento, además de unirnos, fortalecía nuestro ánimo para encarar con optimismo y alegría los numerosos obstáculos que aún debíamos sortear.

La noticia de su embarazo, en lugar de inducirme a poner pies en polvorosa, me ratificó aún más en que ella era la mujer de mi vida. No acepté así la buena nueva resignado, sino con gran alborozo, sintiéndome además rejuvenecido.

Me importó un bledo lo que pudiesen pensar mis amigos o compañeros de trabajo por dejar encinta a una mujer, que era madre a su vez de otra criatura. También yo era padre de dos hijos. Los respetos humanos eran brumas del pasado que carecían para mí ya de sentido.

Con nuestro primer hijo, reviví eufórico el proceso médico de la primera consulta, los análisis y las ecografías. Daba gracias a Dios continuamente por haberme regalado otro hijo que pudiese cicatrizar con esperanza mi profundo desencanto desde que me arrancaron al primogénito de los brazos, o más bien del corazón.

—¿Cómo estás, Palomita? ¿Seguro que te encuentras bien? —le preguntaba a diario, sabiendo que su primer embarazo le dio en su día tanta guerra.

—Perfectamente. Gorda, pero estoy bien —matizaba ella, tan coqueta como siempre.

Recuerdo que le faltó tiempo, al poco de conocernos, para teñirse el pelo de rubio y darse mechas a juego, maquillándose la cara con *Pouder Sun*, de Margaret Astor, en cuanto me oyó decirle que así estaría más irresistible, como si yo fuese el mejor estilista del mundo.

Y ahora volví a corroborárselo:

—Estás muy guapa, cielo.

—Anda...

—En serio: tienes el cutis muy suave, y el pelo brillante y con más cuerpo.

—Pues la verdad es que esta mañana me veía así en el espejo —dijo ya más animada.

—¿No te fastidia...? ¡Si le haces más caso a un espejo que a mí!

—Gracias, amor —sonrió.

Paloma y yo aguardábamos así, con la misma ilusión que unos padres primerizos, la llegada de ese retoño que ayudaba a sellar nuestro compromiso futuro de fidelidad ante Dios.

Borja nació el 21 de noviembre de 2000. Era un niño precioso, a quien tuve el privilegio de abrazar en el paritorio en cuanto el ginecólogo seccionó el cordón umbilical para colocarle una pinza. Pesaba tres kilos y doscientos gramos. Le di el abrazo más cariñoso que recuerdo a un recién nacido.

Previamente, la comadrona me indicó que debía acceder al paritorio provisto de una bata verde y de unas zapatillas de tela del mismo color. Pero estaba tan nervioso, temiendo no llegar a tiempo al parto, que fui incapaz de colocarme toda aquella ropa. La mujer, apiadándose de mí al ver lo alto y patoso que era, me ayudó a ponerme la bata tan rara, mientras las zapatillas me las calcé yo como pude. «Ande, pase, pase...», me apremió, sonriendo.

Todavía al verme vestido de esa guisa, Paloma tuvo fuerzas para exclamar con humor: «¡Caray, qué médico tan guapo!».

Bautizamos a Borja, días después, en la parroquia de Santiago Apóstol de Colmenarejo, donde vivíamos entonces.

La elección del nombre para ese templo se remontaba en concreto a 1564, cuando fue segregada de la vecina parroquia de Galapagar por Breve del Papa Pío IV y a instancias del rey Felipe II, quien siendo devoto de Santiago Apóstol, se detenía a escuchar Misa en su camino hacia el Monasterio de San Lorenzo de El Escorial.

Los padrinos de Borja fueron mi amigo Joaquín, compañero de estudios y de colegio mayor en la Universidad de Navarra, y su esposa Asun, médico de profesión. No hubo más invitados. Quisimos hacerlo así, en la más estricta intimidad.

En el interior de la bonita iglesia de piedra del siglo XVI, mezcla de estilos gótico y renacentista, nos reunimos los padres y padrinos con el sacerdote que administró el sacramento, en torno a la pila bautismal donde tantísimas otras almas habían nacido a la vida de la gracia, convertidas en hijas de Dios.

Don Alfonso, el párroco entonces, bautizaría también allí a nuestra hija Inés, venida al mundo el 29 de diciembre de 2001.

Tras la ceremonia, nos fuimos a tomar algo a una cafetería cercana para celebrarlo con sobriedad, pero con inmensa alegría y agradecimiento al Señor por habernos reunido en un día tan señalado para nuestro hijo.

Que Paloma y yo no comulgásemos ni confesásemos todavía, no significaba que en el fondo de nuestros corazones no estuviésemos agradecidos a Dios, sintiéndonos al mismo tiempo en deuda con Él.

De hecho, cuando nació Inés, mantuvimos una trascendental conversación a la que aludiré enseguida.

Permítame el lector que evoque antes algunos detalles del nacimiento de Inés en la clínica La Milagrosa, de la calle Modesto Lafuente, donde había nacido yo también casi cuarenta años atrás. Vivíamos, como decía, en Colmenarejo, a cuarenta kilómetros de Madrid.

El mismo día 29 de diciembre, sobre las doce del mediodía, oí a Paloma gritar de repente, asomada al balcón de casa:

—¡Chema! ¡Chema...! —insistió.
—¿Qué ocurre? —contesté yo, alarmado, desde el jardín.

—¡Sube enseguida! —vociferó de nuevo.

Huelga decir que lo hice como una exhalación.

Una vez en casa, ella me dijo:

—Ya he empezado a romper aguas.

—¡Dios santo! —exclamé, casi sin aliento—. ¿Y por qué no me has avisado antes?

—¿Cómo querías que lo hiciese, si la niña iba a nacer a finales de enero?

—Vámonos ahora mismo a la clínica —la exhorté.

—¿Y Borja?

—Viene con nosotros. Ya nos la arreglaremos para que alguna monjita cuide de él mientras tú das a luz.

—Si no —propuso ella—, llamo a Nieves, la del herbolario.

—Déjate ahora de llamadas y larguémonos de aquí volando.

Con decir que Inés nació diez minutos después de las dos de la tarde, basta para que el lector se haga una idea del ritmo al que transcurrieron nuestras vidas en tan escaso margen de tiempo. En realidad, el parto no duró ni treinta minutos.

El tocólogo fue rotundo al decirnos, en cuanto la niña asomó la cabecita: «Si llegáis a tardar un poco más, vuestra hija hubiese nacido por el camino».

Era una criatura angelical, que temblaba de frío en mis brazos cuando volví a cogerla en la habitación del hospital, dos horas después de venir al mundo.

La muy pilluela estaba deseando dar ya mucha guerra aquí y decidió que lo mejor era salir del vientre materno a los ocho meses. Gracias a Dios, no necesitó incubadora con sus dos kilos seiscientos gramos de peso.

Pero aquella tarde, la abracé con exquisito tacto para darle calor, manteniéndola junto a mi pecho varios minutos, a modo de incubadora humana. ¿Qué mejor calefactor, si no, que el cuerpo de su propio padre?

Paloma nos miraba a los dos complacida desde la cama. Como en el parto anterior, ella se había negado también ahora a que le administrasen la anestesia epidural, advirtiéndole al doctor de que pariría siempre con dolor, como Dios mandaba. Es una mujer de una fortaleza admirable.

A esas alturas, Borja estaba ya al cuidado de su madrina. De modo que aproveché para irme solo a comprarle a la niña unos pendientes de perlas con unos brillantitos que le colocó luego la enfermera, tras perforarle los lóbulos de las orejas que parecían de papel, como las de un hámster, con el consiguiente llanto.

A la madre le regalé un anillo dorado con una circonita. Y sin que ella lo supiese tampoco, encargué una cuna rosa con puntillas que vi en uno de los escaparates de El Corte Inglés sin reparar en lo que costaba, sino en lo preciosa que era.

Mi recompensa fue contemplar luego el rostro risueño de Paloma en cuanto se la llevaron a la habitación. Nuestra hija merecía esa cunita de princesa, que hizo sentirse a su madre como una reina.

Con dos hijos maravillosos alegrándonos la vida, Paloma y yo estábamos obligados a intentar por lo menos retornar juntos al Señor.

Poco antes de nacer Borja, yo había puesto ya en marcha mi nulidad matrimonial. Y ahora creía llegado el momento oportuno de que ella hiciese lo mismo.

Así que, de regreso en casa, se lo planteé ya en serio. Debió ser a finales de enero de 2002, cuando traté de animarla mientras cenábamos en el salón:

—¿Por qué no emprendes tu nulidad? —le dije, decidido.

—¿Tú crees que me la darán? —repuso ella con escepticismo.

—Lo importante no es lo que yo piense, sino el convencimiento que tú tengas de que el matrimonio no fue válido ante Dios.

—No lo fue —aseguró.

—Entonces, ¿por qué no lo intentas?

—¿Qué tengo que hacer?

—Solicitar, antes de nada, el «patrocinio gratuito».

—¿Y eso qué es...? —dijo, como si le hablase en tagalo.

—Si acreditas que no tienes ingresos, como es tu caso, te adjudicarán un abogado gratis a quien debes contarle cómo sucedió todo para que él vea si hay alguna causa de nulidad que pueda alegar en tu favor.

—Pero ya sabes el pánico que me da hurgar en mi pasado —advirtió.

—Debes hacerlo, si quieres que algún día podamos casarnos como Dios manda; o por lo menos intentarlo, como yo...

—Tienes razón, pero...

—¿Pero qué...?

—¿Cómo voy a contarle a una persona que no conozco los detalles más íntimos de mi vida?

—Piensa que es un profesional acostumbrado, como cualquier sacerdote, a escuchar historias mucho peores que la tuya.

—¿Peores, dices? No lo creo —sonrió ella, por no llorar.

—Pues la mía tampoco resulta muy edificante, la verdad.

—Lo sé, pero en mi caso hay cosas que jamás podría contar.

—Pues a mí ya me las has contado.

—A ti, sí, claro. Pero jamás se las diría a un abogado, ni mucho menos en presencia de un tribunal.

Paloma se resistía a dar ese paso que podía abrirnos la posibilidad de mirar algún día a los ojos del Señor sin sentir tanta vergüenza.

Éramos entonces, quisiéramos o no, destinatarios de las mismas palabras de San Pablo a los Corintios: «¿Estás unido a una mujer? No busques la separación. ¿No estás unido a una mujer? No busques mujer». Y viceversa.

El apóstol de los gentiles, como sin duda éramos nosotros, no se andaba por las ramas: el adulterio llevaba consigo la condenación, la muerte del alma por toda la eternidad. Y ni Paloma ni yo debíamos correr el menor riesgo rechazando de entrada el examen imparcial de los jueces eclesiásticos, aunque en nuestro fuero interno hubiésemos dictaminado ya la nulidad de los respectivos matrimonios; o lo que era lo mismo: que aquéllos jamás habían existido para Dios.

Si los fieles, incluidos los grandes santos como el Padre Pío, habían obedecido ciegamente todos los consejos de sus directores espirituales a lo largo de su vida ascética, ¿quiénes éramos nosotros para despreciar el sabio criterio del Tribunal de la Rota, cuando también estaba en juego nada menos que nuestra salvación?

De modo que no me di por vencido con Paloma aquella noche:

—Tienes que intentarlo —insistí.

—Está bien, lo haré por ti —claudicó ella, finalmente.

—Dirás más bien que lo harás por los dos, empezando por ti —maticé yo.

—Lo haré como tú dices.

—¿Me lo prometes?

Paloma asintió con la cabeza y nos abrazamos emocionados, dispuestos a recorrer juntos la misma intrincada senda.

No fue un camino de rosas, como ya he advertido. Las espinas afloraron enseguida: la abogada de Paloma tampoco la entendió al principio y tomó el camino equivocado, aconsejándole no insistir en lo que, a la postre, sería decisivo para obtener su nulidad matrimonial en segunda instancia.

Si a ella le avergonzaba ya revelar determinados episodios de su vida, flaco favor le hizo su propia defensora disuadiéndola para cargar las tintas sobre otros asuntos de menor trascendencia.

La sentencia en primera instancia resultó ser así un jarro de agua fría: el matrimonio fue declarado válido.

A él no le importó en absoluto que lo fuera, por la sencilla razón de que no creía en el matrimonio. Pero Paloma y yo sufrimos mucho con aquella decisión injusta. Rezábamos ya entonces con cierta frecuencia el Santo Rosario, pidiéndole a la Virgen que nos ayudara a conseguirlo más pronto que tarde.

Cierto día, al poco de conocer la sentencia negativa, decidí mostrarme implacable con Paloma. Estaba convencido de que era la única forma de que el tribunal eclesiástico dictaminase que su matrimonio era nulo de verdad.

—¿Seguro que lo contaste todo? —le pregunté muy serio.

—¿Por qué me hablas así? —interpeló ella, molesta.

—Siento habértelo dicho de ese modo —me excusé.

—Pero si ya sabes que lo hice en su momento —recordó.

—¿Con pelos y señales?

—Más o menos.

—No es suficiente.

—Soy incapaz de entrar en detalles.
—¿Quieres que salga a relucir la verdad o no?
—Claro que sí.
—¡Pues cuéntala entera de una vez, coño! —bramé.
—¿Te quieres tranquilizar?
—No, hasta que lo hagas.
—Pero Chema...
—Tienes que hacerlo, cariño —reiteré, abrazándola—. Puedo imaginarme todo lo que te cuesta, porque es muy duro. Pero hazlo, para que no puedas recriminarte jamás haberte callado.

Dos años después, cuando Paloma se vio de nuevo delante del tribunal eclesiástico para prestar declaración, y una vez que terminó de hacerlo, el presidente le preguntó conmovido:

—¿Es verdad, señorita, todo lo que usted acaba de contar?
—Lo es —juró ella, envuelta en lágrimas.
A principios de 2008, Paloma obtuvo la nulidad de su matrimonio, que le había sido denegada en primera instancia. Y entonces agradecimos a Dios que la verdad hubiese prevalecido entre tanto sufrimiento.

Nadie más que ella sabía aún el milagro que acababa de hacerle San Josemaría Escrivá de Balaguer, a quien había encomendado durante un año entero su nulidad matrimonial, recitando cada día la oración de su estampa.

Faltaba poco ya para que conociésemos al Padre Pío y, sin saberlo, nos estábamos preparando para exclamar con él, al unísono: «¡Jesús, perdónanos si no sabemos sufrir cuanto debiéramos!».

14

PRIMERA COMUNIÓN

El 7 de agosto de 2009, dos días después de la conversión de Chema, volvimos a hacer él y yo la «primera comunión».

Llevábamos más de quince años sin recibir ninguno de los dos al Señor en la Eucaristía. Y todavía hoy me pregunto, sorprendida: ¿Realmente pudimos aguantar tanto tiempo sin alimentarnos de su Cuerpo y de su Sangre?

La víspera, como ya sabe el lector, habíamos rendido cuentas a Dios en el confesonario de Santa María de Caná. Y ahora estábamos también hincados de rodillas, durante la Consagración, en la pequeña capilla del tanatorio de Pozuelo donde asistíamos a la Santa Misa en memoria del padre de Nacho, fallecido aquella misma madrugada.

No fue casualidad que la pérdida de ese ser querido, cuyos restos reposaban en un ataúd cerrado durante la celebración eucarística, se hubiese producido el mismo día que la del padre de Chema, el 7 de agosto, pero veintiocho años después. Tampoco fue accidental que Nacho se cruzase en nuestras vidas de forma inesperada para darnos a conocer al Padre Pío. Ninguno de los dos creía ya en las casualidades.

Chema y yo éramos casi los únicos amigos que asistimos a esa Misa celebrada en la más estricta intimidad. La confianza brindada por aquella devota familia fue también providencial.

No puedo describir con palabras la felicidad que sentíamos los dos estando en gracia de Dios. Valían la pena todos los sacrificios del mundo, incluida la convivencia como hermanos en habitaciones separadas, a cambio de un gozo y una paz tan sublimes. Confiábamos en el Señor y en su Bendita Madre, sin perder naturalmente tampoco la fe en que algún día podríamos casarnos ante un altar, bendecidos por Dios.

El año anterior, yo había obtenido mi nulidad, pero el procedimiento de Chema, iniciado nueve años atrás, seguía todavía sin resolverse. Aun así, la Providencia acababa de ponerle a él en su camino a un sacerdote que iba a desbloquear esa injusta y enojosa situación.

El momento de la Comunión fue muy especial. Al recibir al Señor, yo temblaba de emoción; sentía a Jesús crucificado en lo más profundo del alma.

Arrodillados en el banco, observé de reojo a Chema llorar sin parar. Extraje del bolso un paquete de clínex y se lo tendí. Él se limitó a cogerlo sin mirarme, asintiendo con la cabeza. Fue casi un calco de la tarde del 5 de agosto.

Sus lágrimas se habían extendido por el banco y alcanzaban el suelo, derramadas como en una minúscula catarata.

Más tarde, me reveló él su experiencia mística durante la Misa: de la parte superior de la pared, justo detrás del altar, pendía un gran crucifijo al que él permaneció abrazado en espíritu durante casi toda la celebración sin dejar de llorar ni un instante.

Según me contó, tuvo la sensación de no haber estado abajo con el resto de los asistentes, sino arriba, en la Cruz, fundido de amor y de dolor con Aquel a quien tanto había ofendido a lo largo de su vida. Sólo bajó de ella para recibir en el reclinatorio a nuestro Redentor.

Es difícil de explicar, pero yo le entendí perfectamente.

Aquella misma noche, antes de retirarnos a dormir cada uno a su habitación, Chema me dijo sonriente:

—¿Sabes otra cosa, Palomita?
—Cuéntame...
—Desde anteayer veo a Jesucristo.
—¡Cómo! —exclamé yo, creyendo que no estaba ya en sus cabales.
—No, cariño, no es lo que te imaginas.

—Pues parece mentira que me digas tú eso, que te expresas tan bien.

—Verás, he querido decirte que antes de mi conversión no visualizaba a Jesús y que desde entonces le tengo presente todo el tiempo. Antes le consideraba un Dios lejano, extraño, inaccesible... Pero ahora, en cambio, le contemplo muy cerca de mí. Distingo su rostro que me enamora y su esbelta figura, musculada, con espalda y hombros de carpintero; le imagino caminando delante de mí, enfundado en una túnica beige y con su melena castaña al aire, animándome a que le siga. Otras veces le veo frente a mí, señalándome con el índice su Sagrado Corazón llagado para que le ayude a llevar el peso de la Cruz. Este prodigioso descubrimiento se lo debo a la Virgen de las Nieves.

—Con la complicidad del Padre Pío —agregué yo.

—Claro, claro... El Padre Pío sigue haciendo de las suyas.

—Yo, en cambio —observé—, la veo más a Ella que a Jesús, fíjate.

—No, si resulta que ahora la vidente vas a ser tú... —dijo él con sarcasmo.

—¡Vaya, ya me has entendido! —advertí con media sonrisa—. A Jesús le siento en la Eucaristía; creo firmemente que está presente ahí, pero es diferente a como le percibes tú.

—Bueno, piensa que a Él se accede siempre por María, y que tú le profesas a Ella una gran devoción.

—Si no hubiese sido por Ella...

—Tú yo no estaríamos ahora cerca de Dios —apostilló él.

Aquella noche y todas las demás que dormimos separados, seguí rezando al Padre Pío para que arrancase a la Virgen la gracia de poder casarme con Chema algún día. Sufría mucho en aquella situación, sin poder abrazarme a él, aunque fuese en duermevela, como habíamos hecho durante los diez últimos años.

Antes de despedirnos esa noche, intenté abrazarle de nuevo.

—¡Paloma...! —me previno, echándose hacia atrás.

—¿Qué te pasa? ¿No puedo ni siquiera abrazarte? —protesté, al verme rechazada.

—¿Crees que a mí no me apetece hacerlo también? —alegó, contrariado.
—¿Entonces...?
—No lo hago por ti, sino por mí. ¿Comprendes...?

Nos dijimos adiós fríamente, con un beso en la mejilla. Y para colmo, me retiré a la habitación dolida, sintiéndome culpable por haberle puesto en un aprieto.

Sentada en la cama, cogí la estampa del Padre Pío y empecé a rezarle con todas mis fuerzas para que me consolara en esos momentos tan difíciles para mí, en los que echaba de menos los mimos y caricias de Chema. Me conformaba con estar a su lado, sin ninguna otra pretensión; con sentir su respiración junto a la mía, cogerle de la mano mientras dormía o tocarle el pelo, que a él tanto le gustaba.

Podía pasar todo el tiempo necesario sin que entre nosotros hubiese nada más que eso. Pero comprendía que él era un hombre y yo una mujer.

Apagué la luz sin poder conciliar el sueño aquella tercera noche que no pasábamos juntos. De repente, sentí hundirse mi cama como si alguien se hubiese sentado en ella.

—¿Chema...? —pregunté, ilusionada, por tenerle de nuevo conmigo.

Pero nadie contestó.

—¿Chema, estás ahí? —añadí con voz trémula.

Percibí el mismo silencio inquietante.

Tras encender la lámpara de la mesilla de noche, comprobé que no había nadie a mi lado. Entonces, me incorporé de la cama para dirigirme hasta el cuarto de Chema, sospechando que tal vez me hubiese gastado una de sus bromas. Pero asomada al umbral, observé que dormía ya plácidamente.

Eran las dos de la madrugada. Regresé a mi habitación y volví a coger la estampa del Padre Pío para seguir rezándole. Esta vez experimenté una paz indescriptible y un gran consuelo que me permitieron quedarme dormida muy pronto. No tuve la menor duda de que el Padre Pío había querido hacerse presente a mi lado para que no me sintiese tan sola.

Al día siguiente, habíamos quedado con cinco matrimonios para ver en casa, por enésima vez, la película italiana *Padre Pío* que le llevaría a Chema a escribir un libro para darle a conocer en España.

Inspirándonos en lo que Nacho y Claudina habían hecho antes con nosotros, convertimos ese magistral filme en un eficaz instrumento de apostolado para extender la colosal figura del santo al mayor número posible de almas, que luego ya él se encargaría de poner orden en sus corazones.

Chema y yo no nos cansábamos de ver una y otra vez aquella película. Aunque fuese larga, nos resultaba entretenida. Cada vez que volvíamos a visionarla, reparábamos en detalles que nos habían pasado inadvertidos o sobre los que no habíamos reflexionado lo suficiente. Caímos así en la cuenta de que con aquel DVD podíamos hacer oración, hablar con Dios a través del Padre Pío, y salir fortalecidos para proseguir con la lucha diaria.

La primera vez que la vimos, me impresionó ya mucho la escena en que se evocaba a la popular actriz italiana Lea Padovani. Hasta el punto de identificarme con ella, no por su belleza, sino por la situación en la que estaba cuando fue a ver al Padre Pío para confesarse con él. Era una mujer adúltera, como yo, enamorada en su caso de un hombre casado muy enfermo, a quien le quedaban escasos meses de vida.

Poco después de apearse de su lujoso automóvil, mientras caminaba contoneándose toda estilosa por la explanada del convento, Lea Padovani acaparó las miradas de los que aguardaban su turno para la confesión.

Era una auténtica diva en Italia. Su trayectoria en el cine le había llevado a interpretar diversos papeles junto a otros actores de la talla de Alberto Sordi, Marcello Mastroianni, Totó, Lucía Bosé, Yvonne de Carlo y hasta Bette Davis. Había trabajado a las órdenes de directores tan célebres como Edward Dmytryk, Dino Risi o Vittorio de Sica.

Nacida el 28 de julio de 1923 en la pequeña localidad de Montalto di Castro, en la provincia italiana de Viterbo, su vida cambió aquel día en San Giovanni Rotondo. En cuanto se arrodilló en el confesonario, escuchó cómo el Padre Pío le prevenía muy severo al otro lado de la rejilla:

—Recuerda que aquí no se actúa; aquí se dice la verdad.

—Pero padre, estoy aquí no por mí, sino por la persona a la que amo —explicó ella, dando a entender que sufría mucho.

—¿Es el marido de otra, verdad...?

Lea Padovani se quedó petrificada, sin saber qué decir. Había oído que el Padre Pío leía las conciencias, pero le impresionó aún más que hiciese ahora lo mismo con la suya. Igual que Jesús con la mujer samaritana, sentado en el pozo de Jacob, tras llegar a la ciudad de Samaría llamada Sicar:

—Anda, llama a tu marido y vuelve aquí —dijo el Maestro.

—No tengo marido —le respondió la mujer.

Jesús le contestó:

—Bien has dicho: «No tengo marido», porque has tenido cinco y el que tienes ahora no es tu marido; en esto has dicho la verdad (cfr. Jn 4, 18).

Y ahora, el capuchino advirtió a la actriz italiana:

—Ese hombre está muy enfermo; le quedan pocos meses de vida y, si no le dejas, le harás morir en el pecado. Elige: o tu amor o su vida. Y ahora vete ya.

—¡Pero padre...! —suplicó ella.

—¿No pretenderás que encima te dé la absolución? —dijo él, indignado.

—¡Padre...! —insistió ella.

—¡Calla y reza! ¡Vete! —exclamó, cerrando de golpe la ventanilla de madera del confesonario.

Lea Padovani se marchó avergonzada de allí. Pero poco después regresó, arrepentida. Tras romper con el hombre al que amaba, recibió la absolución del Padre Pío, que la aceptó como hija espiritual suya. Falleció así convertida, en Roma, el 23 de junio de 1991. También Jesús perdonó a la mujer adúltera, pero añadió, conminándola: «Vete y a partir de ahora no peques más».

Yo me sentía en cierto modo como Lea Padovani: enamorada de otro hombre casado a quien la Iglesia no había concedido aún la nulidad; aunque, a diferencia de ella, yo no convivía ya maritalmente con Chema.

De hecho, cuando le planteamos al sacerdote nuestra situación, él nos aclaró que si vivíamos como hermanos con la debida continencia, aunque lo hiciésemos bajo el mismo techo en habitaciones separadas porque teníamos dos hijos menores en común, podíamos comulgar sin problemas: «Pero sólo en ese caso —subrayó—. Y si caéis alguna vez, acudid a la confesión con dolor de corazón y propósito de enmienda».

De lo contrario, hubiésemos incurrido en un sacrilegio, el pecado más grave contra la Eucaristía. Y antes de eso, preferíamos la muerte.

15

LA CARTA

Vivir con Paloma como si fuese mi hermana era una auténtica tortura china.

Pero todo ese sufrimiento no podía compararse en modo alguno con el que hubiésemos infligido al Señor de haberle recibido en pecado mortal.

¡Qué Dios tan Santo, Fuerte e Inmortal permitía a la Humanidad entera ofenderle tan gravemente en la Eucaristía con total libertad! ¡Hasta ese extremo llegaba su locura de Amor!

Paloma y yo hubiésemos muerto, como ella misma decía, antes que agraviar a Jesús en Persona. Ignoro por qué razón el Señor, pese a todos nuestros pecados, nos preservó de cometer aquel horrible fratricidio. Si íbamos a Misa en pecado mortal, ni se nos ocurría acercarnos a recibirle como vulgares criminales.

Digo esto, y lo hago con conocimiento de causa, porque existe hoy por desgracia una corriente dentro de la Iglesia que es partidaria e incluso anima a los fieles a comulgar en pecado mortal; sacerdotes equivocados que, como lobos con piel de cordero, incitan a los divorciados vueltos a casar civilmente a frecuentar el sacramento de la Eucaristía, asegurándoles que deben hacerlo siempre sin necesidad de pasar por el confesonario.

Y me pregunto yo: ¿para que instituyó el Señor entonces el sacramento de la Penitencia, sino para perdonar todas nuestras ofensas, por graves que éstas sean?

Jesucristo, a buen seguro, como Dios infinitamente justo que es, nos pedirá cuentas a todos, incluidos estos pobres clérigos que arrastran a tantas almas a la perdición.

El demonio es muy astuto, como advertía el Padre Pío, y en nombre de una falsa misericordia, que no es la de Dios, consigue que cada vez más almas jaleadas por algunos sacerdotes necesitados de montañas de oración ofendan al Señor donde más le duele: en la Sagrada Eucaristía, incurriendo así en un pecado gravísimo de sacrilegio. ¡Cuánta verdad encierra el proverbio: «Por la caridad entra la peste»!

Permítame el lector un breve inciso para referirme a una desconocida carta del Padre Pío, con un alto contenido profético.

Datada el 7 de abril de 1913, la misiva iba destinada a su director espiritual, el padre Agostino de San Marco in Lamis, y en ella el santo de los estigmas describía con todo detalle una de las visiones que tuvo de Jesús, durante la cual el mismo Señor llamó «carniceros» a varios dignatarios eclesiásticos, incluidos sacerdotes y religiosos.

Recogida en el primer volumen de su *Epistolario*, la carta es terrible, de las que dejan una huella indeleble en el corazón. Por eso mismo, he preferido reproducirla entera pese a su extensión.

Traducida del italiano, dice así:

«En la mañana del viernes [28 de marzo] me encontraba todavía en el lecho cuando se me apareció Jesús. Se hallaba golpeado y desfigurado, y me mostró una gran multitud de sacerdotes, religiosos y seculares, entre los cuales se hallaban varios dignatarios de la Iglesia. De todos ellos, unos estaban celebrando la Santa Misa, otros iban a celebrarla y otros más ya lo habían hecho.

»La contemplación de Jesús así angustiado me causó mucha pena, por lo que quise preguntarle el motivo de tanto sufrimiento. No obtuve ninguna respuesta. Pero Él miraba a aquellos sacerdotes hasta que, como cansado de hacerlo, retiró la vista y, con gran espanto mío, pude apreciar que dos lágrimas le surcaban las mejillas. Se alejó de aquellos sacerdotes con expresión de gran disgusto y desprecio, llamándolos *macellai* [carniceros, en italiano]. Y vuelto hacia mí, dijo: "Hijo mío, no creas que mi agonía haya durado tres horas; no, yo estaré en agonía por causa de las almas más beneficiadas por mí hasta el fin del mundo. Durante el tiempo de mi agonía, hijo mío, no hay que dormir. Mi alma busca una gotita de compasión humana, pero ¡ay!, qué mal corresponden a mi amor. Lo que más me hace sufrir es que, éstos, a su indiferencia añaden el desprecio y la incredulidad. ¡Cuántas veces estuve a punto de acabar con ellos, si no hubiesen detenido mi brazo los ángeles y las almas enamoradas!... Escribe a tu padre espiritual y refiérele esto que has visto y oído de mí esta misma mañana".

»Jesús continuó todavía, pero aquello que me dijo no podré manifestarlo a criatura alguna de este mundo. Esta aparición me causó tal dolor en el cuerpo, y mayor todavía en el alma, que durante todo el día sentí una gran postración, y hubiera creído morirme si el dulcísimo Jesús no me hubiese sostenido.

»Estos desgraciados hermanos nuestros corresponden al Amor de Jesús arrojándose con los brazos abiertos en la infame secta de la masonería. Roguemos por ellos a fin de que el Señor ilumine sus mentes y toque sus corazones».

Quisiera volver ahora sobre esos hermanos nuestros que, por culpa de sacerdotes como aquéllos, caen hoy en la trampa del diablo, en lugar de encontrar la verdadera puerta a la esperanza para su complicada situación. Divorciados vueltos a casar que, si pidieran al Señor una segunda oportunidad, convencidos en conciencia de la nulidad de su matrimonio, tal vez llegarían a obtenerla, como Paloma y yo; o por lo menos lo habrían intentado, arrepentidos de corazón y tras luchar con empeño, lo cual seguramente se les tendría en cuenta allí Arriba, aunque no tuviesen más remedio que contentarse aquí abajo con hacer esta comunión espiritual: «Yo quisiera, Señor, recibiros con la misma pureza, humildad y devoción con que os recibió Vuestra Santísima Madre, con el espíritu y fervor de los santos».

Pero apelar a esa falsa misericordia, sin ni siquiera haberlo intentado, de nada les servirá; o mejor dicho: les servirá, si Dios no lo remedia, para condenarse.

Conozco a varias personas por las que rezo a diario para que Dios se apiade de sus almas; entre ellas, a varios sacerdotes que administran la Comunión a un grupo de divorciados a sabiendas de que viven amancebados con personas que no son su esposa ni su marido ante Dios.

Pero en lugar de emprender un proceso de nulidad establecido por la Iglesia para los convencidos en conciencia de que su matrimonio jamás existió, estos divorciados se dejan llevar por lo que les dicen unos clérigos amparados en un engañoso «buenismo», limitándose a vivir así una fe a su medida, que tampoco es la fe de Cristo.

La cuestión de fondo es hoy la siguiente: ¿debe la Iglesia congraciarse con la opinión pública, la peor de las opiniones, a costa de sacrificar la verdad contenida en el Evangelio?

Es fácil entender ahora por qué don Gabriele Amorth, exorcista oficial del Vaticano, me diría años después en Roma, durante nuestra entrevista para mi libro *Así se vence al demonio*, que los sacerdotes eran el objetivo prioritario de Satanás; sencillamente, porque con cada uno que el demonio conquistase para su causa podía llevarse por delante a centenares de almas.

Durante nuestro largo y fatigoso camino al matrimonio, Paloma y yo releíamos esta exhortación del apóstol San Pablo a los Corintios, que nos ponía los pelos como escarpias. Vale la pena meditarla:

«Así pues, quien coma el pan o beba el cáliz del Señor indignamente, será reo del cuerpo y de la sangre del Señor. Examínese, por tanto, cada uno a sí mismo, y entonces coma del pan y beba del cáliz; porque el que come y bebe sin discernir el Cuerpo, come y bebe su propia condenación» (1 Corintios 11, 27-29).

¿Se puede ser más claro y rotundo?

El propio Catecismo de la Iglesia Católica tampoco deja el menor resquicio a la duda sobre el papel de los divorciados vueltos a casar civilmente, en su punto número 1.650. El siguiente texto, que resume a la perfección la doctrina de Jesucristo sobre este controvertido asunto, no tiene desperdicio.

Leyéndolo con atención, se disipa cualquier incertidumbre sobre el acceso de los adúlteros a la Sagrada Comunión.

Considera así la Iglesia:

«Hoy son numerosos en muchos países los católicos que recurren al divorcio según las leyes civiles y que contraen también civilmente una nueva unión. La Iglesia mantiene, por fidelidad a la palabra de Jesucristo ("Quien repudie a su mujer y se case con otra, comete adulterio contra aquélla; y si ella repudia a su marido y se casa con otro, comete adulterio": *Mc* 10,11-12), que no puede reconocer como válida esta nueva unión, si era válido el primer matrimonio.

»Si los divorciados se vuelven a casar civilmente, se ponen en una situación que contradice objetivamente a la ley de Dios. Por lo cual no pueden acceder a la comunión eucarística mientras persista esta situación, y por la misma razón no pueden ejercer ciertas responsabilidades eclesiales. La reconciliación mediante el sacramento de la penitencia no puede ser concedida más que aquellos que se arrepientan de haber violado el signo de la Alianza y de la fidelidad a Cristo y que se comprometan a vivir en total continencia».

La Iglesia de nuevo, en el siguiente punto de su Catecismo, ofrece una respuesta clara a los hermanos que se encuentran en esa difícil encrucijada y que tienen incluso hijos a su cargo, haciéndose eco al final de la exhortación apostólica *Familiaris Consortio* de Juan Pablo II:

«Respecto a los cristianos que viven en esta situación y que con frecuencia conservan la fe y desean educar cristianamente a sus hijos, los sacerdotes y toda la comunidad deben dar prueba de una atenta solicitud, a fin de que aquellos no se consideren como separados de la Iglesia, de cuya vida pueden y deben participar en cuanto bautizados:

»Exhórteseles a escuchar la Palabra de Dios, a frecuentar el sacrificio de la misa, a perseverar en la oración, a incrementar las obras de caridad y las iniciativas de la comunidad en favor de la justicia, a educar sus hijos en la fe cristiana, a cultivar el espíritu y las obras de penitencia para implorar de este modo, día a día, la gracia de Dios» (FC 84).

Más claro, agua. He aquí la verdadera caridad, que nada tiene que ver, insisto, con administrar la comunión a los divorciados vueltos a casar apelando a una falsa misericordia, mediante un acto que constituye en sí mismo una gravísima ofensa al Señor.

Esa misma falsa misericordia que le hizo a un sacerdote prorrumpir, durante la homilía de la Misa: «¡Dios no es exigente!».

A él y a otros como él, defensores de una moral a la medida, habría que replicarles con estas mismas palabras de Jesús:

«Entrad por la puerta angosta, porque amplia es la puerta y ancho el camino que conduce a la perdición, y son muchos los que entran por ella. ¡Qué angosta es la puerta y estrecho el camino que conduce a la Vida, y qué pocos son los que la encuentran! (Mt 7, 13-14).

Y el Maestro insiste:

«No todo el que me dice: «Señor, Señor», entrará en el Reino de los Cielos, sino el que hace la voluntad de mi Padre, que está en los Cielos» (Mt 7, 21).

La propia Iglesia, apoyada en la doctrina de su Fundador, Cristo mismo, no puede ser más explícita al respecto.

En palabras del propio Jesús: «El que tenga oídos, que oiga».

Pero, por desgracia, existen todavía hoy muchos cristianos que, permitiéndose el lujo de tildar de «tradicionalistas» a quienes en realidad defienden la verdadera doctrina de Jesucristo, continúan estando sordos, cumpliéndose en ellos de nuevo la profecía de Isaías:

Con el oído oiréis, pero no entenderéis;
con la vista miraréis, pero no veréis.
Porque se ha embotado el corazón
de este pueblo,
han hecho duros sus oídos,
y han cerrado sus ojos;
no sea que vean con los ojos,
y oigan con los oídos,
y entiendan con el corazón y se conviertan,
y yo los sane.

Jamás perdamos la esperanza de que un día todas, o al menos algunas de esas almas descarriadas, puedan retornar al Señor por el verde oasis de la llanura de Damasco, como Saulo de Tarso, si se reza por ellas con fe, esperanza y caridad invocando, eso sí, la verdadera Misericordia de Dios, con mayúsculas.

16

EL GRAN TESORO

No me cansaré de repetir que me costó muchas penas y sinsabores adaptarme a mi nueva vida con Chema.

Si no hubiese sido por la ayuda del Padre Pío, a quien invocaba todos los días rezando su novena sin desfallecer, en especial al irme sola a dormir, no sé qué habría sido de mí. O sí lo sé, porque el verdadero amor, como comprobaba en propia carne mientras luchaba contracorriente, lo podía todo. Hasta lo que parecía imposible.

Me animó también mucho, y enseguida el lector sabrá por qué, mi conversación con Maite, una amiga de armas tomar pero con un corazón de oro, que llevaba quince años de matrimonio y tenía tres hijos con Antonio, su marido, ingeniero aeronáutico.

Sin saberlo, me vi envuelta así en un auténtico intercambio de golpes dialécticos con Maite, subidas las dos a una especie de cuadrilátero, durante el cual se dirigió a mí como si yo también estuviese casada, aunque ambas supiésemos que permanecía aún soltera desde mi nulidad eclesiástica.

Maite atravesaba entonces una crisis matrimonial sin precedentes, que si un milagro no lo remediaba, estaba abocada al más estrepitoso fracaso.

No podía creer que una mujer como ella, de misa y comunión diarias, que rezaba el Rosario y se iba de retiro espiritual una vez al año, llegara a confesarme lo que escuché de sus labios aquella tarde de octubre de 2008, mientras tomábamos café en *Richelieu*, en el Paseo de Eduardo Dato, frente a mi antiguo colegio de las Damas Negras.

Por la mañana, me había telefoneado desesperada para quedar conmigo. Era tal su grado de excitación al otro lado del aparato y la forma en que me suplicó que nos viéramos aquella misma tarde, que no pude negarme a su deseo. Pospuse así todas mis gestiones y me planté a las seis, puntualmente, en la cafetería.

Ella estaba ya esperándome, sentada a una mesa de la primera planta. Era rubia de bote, como yo, sin ningún rasgo en su óvalo facial que rompiese la armonía del conjunto; si acaso, la boca algo protuberante. Era, lo que se dice, resultona.

Lucía un traje gris de chaqueta que le hacía mayor, cuyo efecto me recordó a mí la primera vez que vi a Chema.

En el cenicero había tres colillas de *Chesterfield*, su marca de tabaco favorita desde que la conocí, cinco años atrás. Y para colmo, estaba a punto de encenderse el cuarto pitillo con su *Zippo* de gasolina. Parecía una chimenea humana.

—¡Paloma...! —exclamó, como si fuera a salvarle la vida en plena catástrofe aérea.

Y en cierto modo era así: la pobre estaba viviendo un cataclismo en su matrimonio, y la expresión de su cara era todo un poema, camino de una elegía.

—¿Cómo estás, Maite? —pregunté por pura cortesía, sentándome en una butaca de cuero envejecido, como la suya.

—¡Harta! ¡Estoy muy harta...! —repitió, mientras golpeaba la mesa como un juez, mallete en mano, para llamar la atención de la sala.

—A ver, cuéntame... —dije, para tranquilizarla.

—Pues que no aguanto más y que voy a separarme de Antonio —sentenció.

—¿Pero tú sabes lo que dices, mujer? —repliqué.

—¿Que si lo sé...? ¡Vaya que si lo sé!

—¿Quieres dejar de gritar así, que nos va a oír todo el mundo?

—Está bien, Paloma, pero ya no puedo más.

Casi desde que tuve uso de razón, me convertí en el paño de lágrimas de mis hermanas y de mi madre. Llegué a pensar, al principio, que algo extraño había en mi rostro o en mi voz que incitaba a los demás a contarme su vida y milagros. Pero pronto descubrí el verdadero motivo de que la gente se explayase así conmigo: sabía escuchar y, sobre todo, armarme de santa paciencia. Con razón, la paciencia es la más heroica de las virtudes porque carece de toda apariencia de heroísmo. Y eso fue precisamente lo que hice aquella tarde también con Maite, sin que ella reparase en el suplicio que Chema y yo seguíamos pasando en aquel momento.

—Vamos a ver, Maite, ¿por qué dices que no ya puedes más? —le dije ya sin paños calientes.

—Créeme —contestó en tono suplicante—, pero no tengo fuerzas para seguir ocupándome de la casa y de los niños, atender a mi madre y encima aconsejar a mis clientes lo que deben hacer con su dinero.

Ella trabajaba en una gestora de patrimonios. Era economista y durante algún tiempo estuvo en una empresa auditora haciendo balances de empresas y otras cosas tan aburridas.

—¿Y qué tiene que ver el pobre Antonio con todo eso? —advertí.

—¡Cómo que pobre! —replicó ella, indignada—. Antonio es un auténtico caradura que jamás arrima el hombro.

—¡Ah! ¿Te refieres a que no trabaja?

—Yo no he dicho eso.

—Pues lo parece.

—He querido decir que nunca está en casa.

—¿Y qué pretendes que haga, bonita, si se pasa el día diseñando aviones para que podáis comer?

—Podría ayudarme con los niños, cambiar algún pañal o pasar la aspiradora. Lo que sea, pero algo.

—¿Crees de verdad que no tiene otra cosa mejor que hacer?

—Debería cuidar a su familia, en lugar de estar siempre de viaje.

—¿Prefieres entonces que deje de trabajar?

Maite dudó un instante, antes de responder:

—Bueno, tanto como eso...

—Pues entonces no te quejes, como tampoco lo hace él.

—¿Y tú qué sabes?

—Yo sé que él te quiere mucho a ti y a los niños.

Maite volvió a vacilar por segunda vez.

—¿Tú crees...?

—Estoy segura, pero deberías estarlo tú, que para eso eres su mujer, ¿no te parece?

—No sé...

—Tú lo único que sabes es quejarte todo el rato —añadí, un poco cansada, para ver si reaccionaba ya de una vez.

—Claro, como tú no tienes ningún problema con Chema...

La muy pécora me sacudió un golpe bajo, pero yo se lo devolví enseguida con otro directo al mentón:

—Es que a mí ni se me ocurre pedirle a Chema que friegue los platos o limpie el polvo del salón. Bastante tiene ya él con su trabajo. Es un hombre y no tiene por qué hacer las cosas de mujeres. El gran fallo de las mujeres es desear ser como los hombres.

—Pues eso no me parece bien —censuró ella, con un ramalazo feminista—. Los hombres tienen que ayudar en casa.

—Perdona, pero yo en mi casa hago lo que me da la gana.

Maite me vio tan enfadada, que trató de recular mientras aspiraba el humo de su séptimo *Chester*.

—Bueno, mujer, tampoco te pongas así.

—Eso mismo te digo yo a ti: deja ya de lloriquear por todo y dale gracias a Dios por el marido y los hijos que tienes.

Mi amiga me miraba absorta, como si acabara de noquearla con mis palabras. Pero fui incapaz ya de retener mis lágrimas al añadir:

—Es que no valoras el tesoro de tu matrimonio.

—¿Por qué lloras? —dijo ella, más turbada aún.

—Lloro porque llevo luchando ya muchos años por lo que tú quieres ahora arrojar por la borda.

Maite acababa de morder la lona.

Mientras regresaba a casa en coche, añoraba a Chema con todas mis fuerzas, como si llevase un año entero sin verle. Sabía que tampoco aquella noche dormiría junto a él, pero la esperanza de que un día pudiese ser mi marido merecía todo mi sufrimiento.

Gracias a Dios, Maite recapacitó tras aquella conversación y su matrimonio sigue adelante, fortalecido en la fe. Ella ha comprendido por fin que el matrimonio es la mejor escuela de amor y entrega a los demás, y que por nada del mundo debe volver a ponerlo en peligro.

Mi experiencia apostólica con ella me sirvió también a mí, como advertía antes, para valorar si cabe aún más ese preciado tesoro del que entonces carecía y que anhelaba con toda el alma, siguiendo con Chema las valiosas pistas que nos iba dando el Señor.

¡Qué lástima que hoy el matrimonio sea papel mojado, un simple contrato entre dos personas que puede romperse en cualquier momento sin reparar tampoco en los hijos, convertidos tantas veces en monedas de cambio!

Parece existir una mano oscura interesada en dar todas las facilidades del mundo para las rupturas matrimoniales. Con el divorcio exprés, sir ir más lejos, no hace falta ya alegar ni tan siquiera una causa: basta con que a alguien le dé la gana de irse con otra persona para que le pongan la alfombra roja. No resulta extraño así que uno de cada dos matrimonios acabe en divorcio. Y es que el amor, tal y como hoy se concibe, no es sino el mero contacto de dos epidermis.

Para colmo, muchos de los que se llaman a sí mismos cristianos prefieren olvidar que el verdadero matrimonio no es un contrato con fecha de caducidad, como el del alquiler de un inmueble o de un automóvil, sino un sacramento instituido por Jesucristo, que es muy distinto. Un matrimonio válido ante Dios vincula a los cónyuges de por vida, sin que ningún juez sobre la tierra pueda romper jamás lo que corresponde al Cielo.

San Pablo nunca tuvo pelos en la lengua, en este sentido:

«A los casados —advertía el apóstol—, les mando, no yo sino el Señor: que la mujer no se separe del marido, y en caso de que se separe, que permanezca sin casarse o que se reconcilie con su marido; y que el marido no despida a su mujer» (1 Corintios 7, 10).

Como tampoco en este otro pasaje de la misma epístola, que tan a cuento viene en una sociedad hedonista que convierte a la mujer y al hombre, sin distinción, en meros objetos de deseo sexual:

«Que el marido cumpla su deber conyugal con la mujer; y lo mismo la mujer con el marido. La mujer no es dueña de su propio cuerpo, sino el marido; del mismo modo, el marido no es dueño de su propio cuerpo, sino la mujer» (1 Corintios 7, 3-4).

Tanto los Santos Evangelios como el Catecismo de la Iglesia Católica, haciéndose eco de aquéllos, son rotundos al pronunciarse sobre el matrimonio como un sacramento indisoluble que nadie, salvo Dios mismo, puede revocar.

La doctrina de Jesucristo no permite hacer la menor objeción a un cristiano, pero aun así hay sacerdotes y laicos que a veces la ponen en duda y que incluso atentan contra ella induciendo a otros a seguir su mal ejemplo, como ya hemos visto.

Chema y yo estábamos convencidos, y seguimos estándolo hoy, de que detrás de ese gravísimo desafío a Dios, que pone en riesgo la salvación de tantas almas, se oculta el mismísimo demonio.

Años después, se lo confirmaría a Chema el propio don Gabriele Amorth, en Roma, durante una entrevista a la que yo también asistí:

—José María —le recordó el exorcista con un mohín grave—, en uno de mis combates con Satanás, mientras intentaba expulsarle del cuerpo de una chica, gritó con voz arcana, aun siendo el padre de la mentira: «¡Hay que ver cómo disfruto disolviendo matrimonios!».

Amorth, igual que Chema y yo, estábamos persuadidos de que el demonio había hecho una excepción aquel día diciendo la verdad.

Entretanto, yo seguía dando a conocer la figura del Padre Pío por donde quiera que fuese: en el supermercado, la peluquería o a la puerta de la iglesia, daba lo mismo. Incluso si veía por la calle salir a mi encuentro alguien necesitado de dinero o de cariño, le entregaba la novena con un trocito de su hábito de capuchino, explicándole por encima quién era aquel santazo y asegurándole que si le rezaba con fe le ayudaría en su vida.

Algunas de esas personas que se cruzaron providencialmente en mi camino, haciéndome sentir un instrumento del Padre Pío, contactaron más tarde conmigo para ofrecerme su testimonio, que Chema incluyó finalmente en su libro.

El Padre Pío iba poniéndome así en cada momento a personas necesitadas de Dios, algunas de las cuales incluso no creían en Él, para ayudarlas a descubrirle. Asistí, como testigo de excepción, a conversiones extraordinarias, comprobando al mismo tiempo que mi sufrimiento tenía un sentido para ayudar a los demás. Y daba gracias a Dios por ello cada vez que le tenía frente a mí durante la adoración eucarística en mi antigua parroquia de los Doce Apóstoles.

Nacho y Claudina nos habían inculcado a Chema y a mí esa maravillosa costumbre de poder hablar con el Señor, cara a cara, para contarle nuestros problemas diarios. No necesitábamos rezar ninguna oración aprendida desde niños mientras permanecíamos arrodillados a dos metros de distancia de Él, presente en el interior de la Custodia; solía brotarnos del alma, por el contrario, un monólogo inspirado con peticiones, comentarios y reflexiones sobre asuntos más o menos cotidianos, que a veces Jesús interrumpía para darnos a conocer Su Voluntad.

17

ESTER

En septiembre de 2009, había conocido a un sacerdote que me ayudó mucho a seguir adelante para alcanzar la difícil meta de mi nulidad matrimonial.

Era uno de esos buenos curitas de sana doctrina que el Padre Pío, modelo de sacerdotes, puso en mi camino en el momento que más lo necesitaba, tras mi conversión.

Enseguida comprendió mi delicada situación la primera vez que se la conté con pelos y señales en su despacho parroquial repleto de tallas de la Virgen y de crucifijos, con estanterías de libros religiosos frente a un austero escritorio de madera de espaldas a la única ventana, por la que se filtraba una intensa luz.

En lugar de tratarme como a un bicho raro o decirme, por el contrario, que podía comulgar en pecado mortal como si tal cosa, escudándose en una falsa misericordia, aceptó ser mi confesor y guía espiritual durante esos meses tan decisivos de mi vida.

Suya fue también la idea de acometer este libro y el ánimo para escribirlo. Al preguntarle, en mayo de 2014, si podía publicar su nombre y mi correspondiente agradecimiento en estas mismas páginas, su respuesta fue la de un siervo humilde y leal: «Yo sí que te agradecería que no lo hicieras, porque en este libro el único que debe lucirse es el Señor». ¡Qué gran verdad!

Al poco de conocerle, me habló del *Libro de Ester* y, claro, un auténtico analfabeto espiritual como yo sólo pudo encogerse de hombros.

Me explicó que era uno de los libros históricos del Antiguo Testamento, que relataban los avatares del pueblo elegido desde el comienzo de la conquista de Canaán hasta las luchas que en el siglo II antes de Cristo sostuvieron los israelitas para defender su identidad ante las amenazas del helenismo. Todo aquello me sonó a chino entonces.

Testigo de mi escepticismo, se limitó a decirme, sabiendo que la curiosidad era la fe de los periodistas y como tal, capaz de mover montañas:

—Tú léelo y hablamos...

«¿Qué mensaje o clave secreta encerraría aquel libro, cuya lectura me había recomendado tan encarecidamente aquel buen sacerdote?», rumiaba yo por dentro, mientras me dirigía a una librería religiosa para adquirir una edición de la Biblia que incluyese aquella misteriosa obra.

»Reconocí que, en ese caso, la curiosidad no era malsana, sino todo lo contrario. Y en cuanto tuve ocasión, empecé a devorar el *Libro de Ester*.

»Antes de nada, quise saber quién era esa desconocida mujer de la que jamás había oído hablar hasta entonces. Averigüé enseguida que se trataba de una muchacha judía, huérfana de padre y madre, criada por su tío Mardoqueo y a quien el rey Asuero decidió tomar como esposa tras repudiar a la suya, llamada Vasti.

»Por influencia de Amán, enemigo de los judíos, el rey Asuero promulgó un edicto para que éstos fuesen exterminados en todas las provincias del imperio el mismo día, el trece del mes de Adar. Era una situación angustiosa, que constituía una seria amenaza de holocausto como el que se perpetraría en pleno siglo XX a manos de un demonio como Adolf Hitler.

»Los judíos enseguida clamaron a Dios para que evitase aquel horrible crimen contra su pueblo. Mardoqueo, el personaje más significativo entre aquéllos, pidió a Ester que intercediese ante el rey por sus vidas. Y tanto él como ella se dirigieron al Señor en oración.

»Los constantes rezos de Ester y de todo el pueblo fueron determinantes para que la esposa del rey, armada de valor, invitase a éste a un banquete que ella misma había preparado para pedirle que reconsiderase su decreto de exterminio.

»Aquella noche, sin poder conciliar el sueño, el propio monarca recordó el favor que le había hecho Mardoqueo en cierta ocasión y decidió recompensarlo.

»Amán cayó así en desgracia ante el rey y fue ahorcado. Mardoqueo ocupó su puesto, dirigiéndose enseguida de parte del rey a todas las provincias con objeto de autorizar a los judíos a defenderse de sus enemigos. Para festejar el gozo de esta liberación se instituyó la fiesta de Purim, que se celebraría cada año».

Cuando terminé de leer este sugestivo relato bíblico que acabo de resumir, avisé al sacerdote que me lo había recomendado, para vernos. Me citó aquel mismo día en su acogedor despacho, donde, sentados en unos pequeños sofás, empezamos a departir sobre el particular:

—Bueno, ¿qué te ha parecido el *Libro de Ester*? —preguntó él, con una sonrisa de esperanza.

—Menudo olfato que tiene usted —admití.

—¿Te das cuenta de cómo el Señor es capaz de darle la vuelta a todas las situaciones, por enrevesadas que sean, igual que a un calcetín?

—A eso se llama Providencia de Dios.

—Exacto. Si la invocas, actuará también contigo y con Paloma —aseguró.

—Confiamos ya en ella —certifiqué—, aunque a veces nos asaltan ciertas dudas...

—¡Ojo! —advirtió—. El Señor no ahorra a sus fieles el esfuerzo que les corresponde.

—En nuestro caso resulta evidente que tampoco.

—Pero ninguno de los dos debéis arredraros ante las adversidades. Seguid luchando hasta el final, confiados en que sólo Dios puede remover cualquier voluntad, como la del rey Asuero.

—¿Quiere decir entonces que Paloma y yo somos los trasuntos en la actualidad de Ester y de Mardoqueo?

—Justamente.

Remover corazones. El sacerdote sabía por mí que una de las personas de quienes dependía que saliese a relucir la verdad en mi proceso de nulidad requería muchas oraciones para que su voluntad se enderezase. Recordará el lector que, por alguna razón que no viene ahora al caso, mi proceso llevaba olvidado en un cajón más de dos años sin que mediase una explicación.

El sacerdote insistió con su infalible receta:

—Tenéis que ser valientes y confiar en el Señor. Sólo así podréis arrancarle lo que tanto anheláis, porque quienes se mantienen leales a su fe, pese las debilidades que todos tenemos, al final triunfarán.

—Acaba de hacer un bello himno a la esperanza —dije yo.

—Jamás la perdáis.

—Nunca.

—Sabed —concluyó—, tanto Paloma como tú, que Dios jamás se desentiende de quienes confían en Él y que, tarde o temprano, no permite que prevalezca la injusticia.

Aquella conversación sobre las enseñanzas de Ester y Mardoqueo me hizo reflexionar mucho hasta llegar a convencerme de que, como decía este sacerdote probo, el Señor acabaría recompensando a quienes confiábamos en Él.

Conservo mi *Diario* íntimo de aquellos días, y aunque no puedo desvelar por razones obvias todo su contenido, sí estoy en condiciones de reproducir algunos fragmentos, tal y como los redacté de mi puño y letra en una pequeña libreta de tapas negras.

El lunes, 12 de octubre de 2009, festividad de la Virgen del Pilar, consigné a propósito de la fe y confianza en la Providencia:

«Ahora, Paloma, TE AMO DE VERDAD, ante la dulce mirada de Nuestra Madre que espero nos conceda ese milagro que le he pedido. Pero, en cualquier caso, he empezado a experimentar ya verdaderas cataratas de gracias de Nuestra Bendita Madre que tanto nos AMA. Ese Amor es el que tú y yo, Palomita, nos debemos profesar hasta el día de la muerte; hasta el final de nuestro exilio para partir ya siempre, si Dios quiere algún día, hacia la Patria Celestial.

»Hoy he sabido que Allí Arriba quieren que un día estemos juntos como Dios manda; hoy mi fe y mi esperanza me dicen que esa gran decisión que puede cambiar nuestras vidas para siempre llegará más pronto que tarde. ¡¡Bendita Tú, Madre Mía, entre todas las mujeres!!».

Hasta ese punto llegaba entonces mi confianza en que al final, gracias a la mano de Dios movida por la Virgen, la verdad prevalecería sobre la injusticia, como sucedió con Mardoqueo.

Tres días después, el jueves 15 de octubre, consté esta vez en mi *Diario* mi innegable lucha sin cuartel:

«El diablo aprieta: ¿Quién se llevará el gato al agua? «¡Jesús, sálvame!», imploro una y otra vez.

»La tentación es intensa y casi continua; la carne es débil y Satanás se sirve del desánimo y la miseria para herir mi alma.

»¡Dios mío, TE AMO! ¡Tú sólo tienes palabras de Vida Eterna!

»La Eucaristía me ha costado hoy más que otros días; tenía sueño y algún bostezo me ha traicionado, pero he luchado contra el cansancio y la distracción, casi siempre con éxito.

»¡Gracias, Dios mío, por transformar mi alma en tan poco tiempo! «Si Tú estás conmigo, ¿a quién temeré?». TE AMO, SEÑOR. Pido a Nuestra Madre que nunca me deje soltarme de su bendita mano... ¡Bendito Rosario! ¡Qué arma tan eficaz! Con razón el Padre Pío llegó a rezar 34 Rosarios completos en un solo día, compitiendo con su hermano franciscano Anastasio. He prometido a mi Madre rezárselo todos los días, hasta el momento de mi muerte.

»Este mediodía, mientras recorría una avenida de la Colonia de Torrelodones, Rosario en mano, he sentido una profunda alegría que sin duda he exteriorizado con una sonrisa prolongada durante el rezo de varias Avemarías. He dado gracias a mi Madrecita del Cielo por esa dulce e inesperada brisa interior...».

El domingo, 18 de octubre, estampé también de mi mano este nuevo cántico de alegría y alabanzas al Señor y a la Virgen:

«¡Gracias, Dios mío, por despojarme poco a poco del hombre viejo para moldear mi alma de hombre nuevo hasta el día de mi muerte!

»Cada día me sorprendo a mí mismo por la casi continua presencia que tengo de vosotros, Jesús y Madre mía. A menudo os siento muy cerca de mí, derramando gracias abundantes en mi sediento corazón al que algún día espero que redimáis del todo.

»Tengo una necesidad apremiante de participar en la Santa Eucaristía y de recibir al mismo Cristo en Cuerpo y Alma. Al rezar el *Sanctus* en la Misa, me siento rodeado de Jesús, de la Virgen, de los ángeles y de los santos, entre quienes se encuentran mis padres, que ya están en el Cielo. Me uno entonces también a ellos como en una gran familia celestial conectada en ese preciso instante con los que aún vivimos en el exilio. No es raro entonces que se me salten lágrimas de emoción, porque palpo en mi alma la indescriptible alegría del momento.

»Hoy, en la Misa, he vuelto a pedir por la conversión de mis enemigos, que son ahora mis hermanos en la Caridad de Nuestro Señor. ¡¡Quiero salvar almas, porque cada una, empezando por la mía, ha sido comprada al increíble precio de la sangre de Jesucristo!!

»Estoy bien armado para la lucha. Hoy, como ayer, he rezado las tres partes del Santo Rosario: ¡150 Avemarías que han subido al Cielo pidiendo mi nulidad matrimonial!

»¡Bendito Rosario! Lo rezo, tras un paréntesis de varios meses, desde el 5 de agosto pasado, cuando lloré a moco tendido por mis ofensas al Señor y a su Bendita Madre. Sentí entonces todo el peso del dolor, como lo siento hoy, y siempre que puedo no me canso de desagraviarlos con un río desbordado de jaculatorias.

»¡Señor, Madre mía, no dejéis ni un instante de iluminarme! No quiero volver nunca más a las tinieblas. Quiero vivir en la Luz que Tú, Jesús mío, me estás dando tan generosamente desde el 5 de agosto, cuando el hombre viejo murió para alumbrar en mi corazón al hombre nuevo que Tú quieres que sea. TE AMO [Dibujé, justo debajo, un corazón con una Cruz en su interior]».

Barruntaba ya, como digo, la proximidad del milagro que con tanto afán reclamábamos Paloma y yo del Cielo y, pese a todas mis miserias, no me cansaba de levantarme cada vez que caía derrotado en la batalla.

El lunes 9 de noviembre, festividad de la Virgen de la Almudena, tras asistir al bautizo de la hija de unos amigos en Santa María de Caná, reflejé así la singular experiencia en mis notas personales:

«Mientras bautizaban a la niña, de repente sentí ganas de «bautizarme» yo también en el confesonario... Sigo presintiendo un próximo final... Me encantó la homilía del sacerdote: «Somos como Dios ha querido que seamos desde el principio de los tiempos», vino a decir. Y eso, francamente, me sirve de gran consuelo. ¿De verdad, Dios mío, has querido que yo sea tan miserable? ¡Bendita miseria si así Tú puedes hacer milagros con ella! Te pido, Señor, perseverancia para hacer Tu voluntad».

Me sentía así muy cerca de Jesús y de la Virgen. Parecía otra persona, y de hecho lo era, porque la gracia santificante me había transformado. Eran los milagros del Señor, que lo mismo que convirtió el agua en vino obedeciendo a Su Madre en las bodas de Caná de Galilea, renovaba ahora también mi alma por indicación Suya. ¡Bendita Virgen de las Nieves!

El Padre Pío tenía también mucho que ver en todo ello. Si él hizo en esta tierra los mismos milagros que Jesús, con mayor motivo seguía haciéndolos ahora desde el Cielo.

Jamás olvidaré la increíble anécdota referida en primera persona por fray Modestino Fucci de Pietrelcina, el hermano portero de San Giovanni Rotondo, a propósito del día en que, sin ser todavía capuchino, acudió al convento con varios objetos religiosos para que el Padre Pío se los bendijese junto con... ¡una botella de vino!

Nada más verle en el recibidor, Modestino se acercó al estigmatizado para decirle:

—Padre, bendígame también esta botella de vino.

El capuchino obedeció sin rechistar, comentando luego con aire socarrón a su paisano, treinta años menor que él:

—Bueno, acabo de hacer el primer milagro de esta mañana.

—¿Padre, qué milagro? —pregunto él, sorprendido.

—He convertido en vino el contenido de esta botella.

—Pero, Padre, si esto ya era vino —replicó.

El Padre Pío sacudió la cabeza y le miró condescendiente.

Durante la comida, de regreso en Pietrelcina, Modestino bebió con sus amigos aquel mismo vino bendecido por el Padre Pío, que a todos les supo exquisito.

Sólo unos días después, se enteró con estupor de que el dueño de la fonda donde había adquirido la botella no elaboraba el vino con uvas, sino con orujo de la peor calidad. Con razón, todos en el pueblo consideraban imbebible aquel brebaje. Sólo entonces comprendió que el Padre Pío había dicho, como siempre, la verdad.

18

EL FALLO

El 17 de febrero de 2010, Chema y yo decidimos escaparnos dos días con una sola noche al Parador de Almagro, en la provincia de Ciudad Real, dejando a los niños al cuidado de una persona de toda confianza.

Habíamos reservado dos habitaciones individuales en aquel parador construido sobre el antiguo convento de Santa Catalina de Siena, fundado por Jerónimo de Ávila en el siglo XVII y habitado por franciscanos, como el Padre Pío, desde 1612.

Disfruté contemplando ya en el patio una imagen de San Antonio de Padua con el niño, que todavía hoy se conserva. Y poco después, al subir a las habitaciones, me topé, para mi sorpresa, con un gran cuadro de la Inmaculada Concepción presidiendo el rellano de la escalera.

Afuera había empezado a llover. Pero no nos importó salir poco después, cobijados bajo mi viejo paraguas de cuadros escoceses, a recorrer aquella preciosa ciudad declarada conjunto histórico-artístico en 1972.

Pasear con Chema por sus calles, en dirección a la plaza Mayor donde estaba el célebre Corral de Comedias, considerado monumento nacional, fue una auténtica delicia. Transitamos juntos, hasta llegar allí, por hileras interminables de portales de casas solariegas que lucían con orgullo sus viejos escudos de nobleza e hidalguía.

El Corral de Comedias era, como digo, otra auténtica maravilla artística, que mantenía la estructura original de los teatros del siglo XVII, donde se celebraba cada año el Festival Internacional de Teatro Clásico.

Admiramos también, en la misma plaza Mayor, la Casa del Mayorazgo de los Molina y la de los Rosales; y en la calle de las Nieves, los portones de la Casa de los Wessel, apoderados de los Fugger, beneficiarios de las rentas de las Minas de Almadén.

Íbamos, mientras tanto, recitando Avemarías del Santo Rosario, cuando de repente Chema se quedó petrificado frente al escaparate de una tienda:

—¡Nuestra Señora de las Nieves! —exclamó, tras leer la inscripción al pie de un gran retrato de la Virgen.

Nos miramos perplejos ante el descubrimiento. Era la misma advocación mariana a la que Chema tanto debía, desde el 5 de agosto anterior. ¿Qué hacía allí, delante de nuestras narices, la mismísima imagen de la Virgen de las Nieves?

—¿Entramos? —me invitó él, que tampoco creía ya en las casualidades.

—¿A qué esperamos? —dije yo.

En el interior del establecimiento, una señora muy simpática de mediana edad, con el pelo recogido en un moño, nos saludó al otro lado del mostrador:

—¿Bonita, verdad? —manifestó, complaciente, tras observar con qué atención habíamos mirado la imagen en el escaparate.

—Mucho —subrayó Chema.

—Nos ha sorprendido encontrarla aquí —admití yo.

—Pues no debería sorprenderles —advirtió ella.

—¿Y eso...? —añadí.

—Porque es nuestra patrona —sonrió, orgullosa.

—¡Vaya!

—¿Conocen la Iglesia de la Madre de Dios?

—No, pero es lo primero que haremos en cuanto salgamos de aquí —aseguró Chema, mientras contaba ya las estampas de todos los tamaños que pensaba llevarse para regalar a familiares y amigos.

—Supongo que harás una selección —le previne yo, comprobando el dinero que tenía encima.

—Déjala, mujer, que se lleve la «baraja» entera si lo desea. ¿No ves que le gustan? Además son muy baratas.

—¿Cuánto valen?

—Las pequeñas, cincuenta céntimos, un euro las medianas y las grandes, dos.

—De acuerdo —asentí.

—¿Está lejos la iglesia de aquí? —preguntó Chema.

—No, tan sólo a dos manzanas. Nada más salir, cojan la primera calle a la derecha y enseguida la verán al fondo —indicó con amabilidad.

—Gracias.

—No hay de qué —correspondió ella—. El primer domingo de marzo, dentro de dos semanas, trasladarán la talla de la Virgen de las Nieves, como cada año, a la ermita de su mismo nombre en Bolaños de Calatrava, a cuatro kilómetros de aquí.

—O sea, que todavía la podemos ver hoy —celebró él.

—Sí, claro.

Poco después, estábamos ya frente a la fachada de la iglesia de la Madre de Dios, levantada, según supimos luego, sobre el antiguo Hospital de Nuestra Señora La Mayor, en los mismos solares adquiridos por la propia villa de Almagro, en 1546.

La fachada, con grandes contrafuertes, tenía un espléndido rosetón de ladrillo datado en 1602, por el que se filtraba una intensa luz hasta el mismo altar que presidía el templo, en el interior.

Era una edificación del gótico tardío, con algún que otro detalle renacentista. La iglesia de mayores dimensiones de toda la provincia, incluida la catedral de Ciudad Real.

A Chema le encantó que hubiesen dedicado a la Virgen de las Nieves la iglesia más grande de aquellos contornos.

Nos disgustó mucho, en cambio, enterarnos de que la talla original de Nuestra Señora de las Nieves había sido destruida por «la horda marxista», como se indicaba en una inscripción a la entrada del templo, bajo una imagen en mosaico de la Virgen inaugurada «el año de la Victoria» de 1939.

El 24 de agosto de 1936, recién iniciada la Guerra Civil, unos indeseables profanaron la iglesia, ensañándose de manera diabólica con la dulce imagen de la Virgen con el Niño, hasta convertirla en cenizas.

Aquella misma tarde, Chema y yo empezamos a buscar por todos los rincones de Almagro una reproducción de esa antigua talla y... ¡la encontramos! Era una fotografía suya en blanco y negro, coronada canónicamente el 20 de octubre de 1929 y adornada con una preciosa túnica con encajes; el Niño Jesús acompañaba a su Madre, con su coronita también.

Un fotógrafo local la había obtenido de un negativo que guardaba su abuelo desde antes de la Guerra Civil. Un auténtico milagro. Compramos el retrato enmarcado, que hoy preside el salón de nuestro hogar, donde cada día desagraviamos a la Virgen de las Nieves, patrona de Almagro, sabiendo el martirio que sufrió.

Para resarcirla de semejante vejación, hicimos varias copias de esa fotografía como obsequio para algunos amigos, indicándoles que rezaran mucho en su presencia.

Mes y medio después, el 4 de abril, Chema celebraba su cumpleaños. Como otras veces en un día tan señalado, le escribí un mensaje en una hoja doblada que posé con sigilo sobre el teclado de su ordenador cuando él se fue ya a dormir, para que lo leyera al día siguiente.

Junto a mi nota, le dejé nuestro regalo: una medalla de plata del Padre Pío envuelta en un paquetito. Faltaba poco más de un mes para que partiésemos todos juntos a San Giovanni Rotondo y pensé, como así fue, que aquel pequeño detalle le encantaría.

Mientras redactaba estas líneas, le pedí a Chema que me dejase aquella nota mía para reproducirla a continuación, pues refleja fielmente lo que él y yo sentíamos entonces.

Dice así:

«En este día tan especial de tu cumpleaños, que coincide con el de la Resurrección del Señor, te deseo que seas muy feliz. Espero que te guste este primer regalo que los niños y yo te hacemos con todo nuestro cariño y amor, así como que disfrutes de lo que te espera en este día que hemos preparado con tanta ilusión.

»Te amo, mi vida, cada día más, aunque casi no pueda abrazarme a ti, que es lo que más me gusta y echo de menos.

»Te mando un abrazo del alma fortísimo. Siéntelo y disfruta mucho, mucho en este día. Rezo con gran fe y esperanza por ti, amor, para que pronto se arregle esta dolorosa situación. Le pido al Padre Pío incontables veces al día por la nulidad de tu matrimonio, aunque este camino de espinas lo tengamos que recorrer juntos con felicidad, estando cerca de Dios, que al final nos concederá nuestro mayor anhelo. Te Amo. Felicidades, tu Palomita».

Llevaba, en efecto, pidiéndole al Padre Pío con todas mis fuerzas que intercediese por Chema para que obtuviera su nulidad antes de partir a Roma, el 12 de mayo siguiente. Desde la Ciudad Eterna, viajaríamos al convento de San Giovanni Rotondo, donde él debía realizar las restantes entrevistas para su futuro libro.

Y entonces, cuando menos lo esperaba, como había sucedido tantas otras veces desde que Chema y yo nos conocíamos, oí que él me llamaba a su despacho.

—Siéntate —me indicó muy serio, al verme asomada a la puerta poco después.

Había despejado de libros una de las sillas de nogal tapizada en verde, a juego con su escritorio, para que me acomodase en ella; en la otra, gemela, estaba sentado él entonces.

Presentía que iba a darme alguna mala noticia.
—Verás... —dijo, a modo de preámbulo.
—¿Pasa algo...? —balbuceé yo.
—Ya lo creo que pasa.
—Bueno, ¿vas a decírmelo o no? —añadí, nerviosa.

Y entonces, movido como por un resorte, Chema se puso en pie de un salto y gritó con todas sus fuerzas sin dejar de brincar con los brazos en alto, como si levantase la Champions:
—¡Palomita: me han concedido la nulidad!
—¡Qué...! —acerté a decir.
—Acabo de recibir un mensaje de mi abogado adjuntándome la sentencia favorable.
—¡Dios mío! ¡Dios mío...! —vociferé yo también, con mezcla de agradecimiento y desahogo por tanto sufrimiento contenido—. ¿Seguro que es definitiva...?

—Sí que lo es, cariño, sí que lo es... —confirmó él, con lágrimas de júbilo.

Comprobé entonces que Dios había puesto el placer tan cerca del dolor, que muchas veces se lloraba también de alegría.

—El Padre Pío no falla —proclamé.

—¡Menudo crack!

La sentencia del Tribunal de la Rota, que no se podía recurrir ya, llevaba fecha de 5 de mayo de 2010. ¡Habían transcurrido así nueve meses exactos desde la conversión de Chema, el 5 de agosto! Y su abogado acababa de comunicarle el fallo dos días después, el 7 de mayo, que para colmo era primer viernes de mes.

La Virgen de las Nieves, conmovida por el Padre Pío, nos había concedido aquella inmensa gracia que tanto le habíamos implorado en los últimos meses.

Chema y yo, como Ester y Mardoqueo, nos fundimos ahora en un abrazo indescriptible, como si fuese el primero que nos dábamos en nuestra vida.

Y acto seguido, él telefoneó a la Abadía del Valle de los Caídos para darle la increíble noticia a un monje benedictino que tampoco había dejado de rezar por aquel milagro.

Cogimos enseguida a los niños y nos fuimos todos juntos en coche hacia allí, rezando el Rosario en acción de gracias por el camino. Arriba, en la Abadía, nos aguardaban ya para entonar las Vísperas y adorar al Santísimo con la comunidad benedictina. ¡Qué mejor forma de agradecerle al Señor su Misericordia Infinita!

Aquella misma noche pusimos fecha a la boda, como dos novios enamorados que acabaran de declararse. Convinimos en celebrarla el 16 de junio, aniversario de la canonización del Padre Pío, a nuestro regreso de San Giovanni Rotondo.

Pero la Virgen nos tenía reservada aún otra gran sorpresa...

19

EL AVISO

La mañana del miércoles, 12 de mayo, debíamos estar a las siete en punto en el aeropuerto de Barajas, hoy Adolfo Suárez, para tomar el vuelo directo a Roma.

Nos dimos un madrugón con los niños, pues tuvimos que despertarnos a las cinco para estar allí puntuales desde Torrelodones, a más de cuarenta kilómetros de distancia. Nos acompañaba mi amigo Fernando, que había llegado la víspera de Sevilla para seguir él también con nosotros las huellas del Padre Pío.

El objetivo del viaje, como ya sabe el lector, era que yo pudiese recopilar durante cinco intensos días de trabajo datos y testimonios de personas que todavía vivían, la mayoría de ellas octogenarias, y que tenían en común haber tratado durante muchos años al santo de los estigmas.

La pobre Paloma no había podido pegar ojo en toda la noche. Pero cualquiera que no la conociera hubiese afirmado que estaba más fresca que una lechuga, a juzgar porque no paraba de hablar, gesticular y moverse por el aeropuerto, como si fuese el pasillo de su casa.

Parecía que hubiese ingerido varias dosis de estimulantes, cuando en realidad era su pánico a volar lo que la mantenía en pie de milagro.

—¡Por todos los santos, Chema! Yo no me subo a ese avión —seguía diciéndome, muerta de miedo, una hora antes de que despegase el *Airbus A-320* de Iberia.

—Se lo debes al Padre Pío —le advertí.

—Ya...

—¿Recuerdas que se lo prometiste?

—Sí, lo hice, y por eso estoy aquí. Pero de todos los lugares del mundo, al último que vendría sería a éste.

—Pues ya estás en él —añadí, destacando su mérito.

Habíamos facturado ya el equipaje. Paloma caminaba en aquel momento con los niños en dirección a la puerta de embarque, con Fernando y yo algo rezagados, cuando de repente sentimos a nuestro lado un golpetazo que hizo retumbar el suelo.

Giramos la vista a la izquierda y contemplamos con pavor a una señora tendida en el suelo, con una brecha abierta en la cabeza por la que empezó a manar sangre abundante.

Tan violento resultó el impacto, que en cuestión de segundos se había formado ya un charco de sangre alrededor de aquella mujer que padecía continuos espasmos en brazos y piernas, mientras resoplaba de forma estertórea, como si fuera a sufrir un colapso.

Fernando se apresuró a colocarle un pañuelo en la boca para que no se mordiese la lengua, temiendo que fuese epiléptica; yo extraje mi crucifijo del bolsillo y se lo puse en el pecho, mientras rezábamos juntos por ella.

Paloma se había alejado de allí con los niños para que no presenciasen el dantesco espectáculo.

Mi amigo se fue en busca de una ambulancia, dejándome a solas con la mujer. Reclinado junto a ella, tracé la señal de la Cruz en su frente y pedí al Padre Pío con todas mis fuerzas que no la dejase morir así.

Entretanto, intentaba darle conversación para que no perdiese el sentido, pero ella apenas reaccionaba. Llegué a convencerme de que sólo un milagro podía salvarla.

Por increíble que parezca, casi todo el mundo pasó de largo y quienes se acercaron lo hicieron sólo por curiosidad y morbo, pues desaparecieron de allí en cuestión de segundos, como si su avión fuese a despegar de un momento a otro.

Fernando regresó al cabo de unos minutos que se me hicieron eternos:

—Ya han avisado a los del Samur —me dijo.
—Pues espero que no tarden mucho —advertí.
—No lo creo; me han dicho que ya están de camino hacia aquí... ¿Habla...? —añadió, tras comprobar que la mujer no tenía ya el pañuelo en la boca.
—No, pero aún sigue consciente.
—¿Por qué le has quitado el pañuelo?
—Parecía como si quisiera decirme algo.
—¿Qué...?
—«Gracias», entendí.

Paloma se había unido desde el principio a nuestras oraciones. Formábamos así una sólida cadena intercesora que no paraba de rezar por aquella desgraciada que yacía desangrándose ante nuestra impotente mirada.

Los miembros del Samur tardaron casi media hora en llegar. Comprobaron que la paciente había perdido bastante sangre, pero que gracias a Dios conservaba intacta su masa encefálica. Tras aplicarle los remedios de urgencia para detener la hemorragia, taponando la brecha, sentaron a la señora en una silla de ruedas y se la llevaron de allí asegurando que su vida no peligraba. Había sufrido, en efecto, un ataque epiléptico.

Apercibida de nuestro retraso, la azafata nos aguardaba desde hacía un rato en la puerta de embarque. Fuimos los últimos en subir al avión, que despegó al cabo de unos quince minutos. Aquel percance tan desagradable no había sido casual, sino premonitorio de lo que iba a suceder durante nuestro viaje a San Giovanni Rotondo.

A bordo del avión, Paloma pasó al principio un verdadero tormento. En el momento del despegue, se aferró a mi mano con tanta fuerza, que cuando el avión ya había ganado altura reparé en que me dolían los dedos y las articulaciones, bañadas en sudor.

En cuanto se apagaron las luces de los cinturones de seguridad, ella se incorporó del asiento para dirigirse por el estrecho pasillo hacia la cabina, en busca del sobrecargo. Llevaba encima la novena del Padre Pío, a quien no había dejado de rezar ni un instante. Poco después, la vi al fondo hablando de pie con el encargado, mientras Fernando y yo permanecíamos sentados junto a los niños en las filas traseras del avión.

Imaginé lo que ella le estaría diciendo en aquel momento, conturbada: «Lo siento, pero no puedo controlar el pánico».

El sobrecargo debió apiadarse de ella, pues se asomó al interior de la cabina y salió poco después acompañado del comandante en persona. Tras intercambiar unas palabras con el piloto, Paloma acabó cerrando la puerta de la cabina tras él.

No volvimos a verla hasta que aterrizamos en el aeropuerto romano de Fiumicino, también llamado Leonardo da Vinci, al cabo de poco más de dos horas. Se acercó entonces a nosotros, sonriente, para preguntarnos si habíamos tenido un buen vuelo, como si fuera una azafata más de la tripulación:

—No tan bueno como el tuyo —le respondí yo.

—Ha sido un milagro del Padre Pío que me dejasen viajar en cabina —festejó ella.

—Y que lo digas, porque está prohibido para los pasajeros —aseguró Fernando.

Paloma aprovechó durante el viaje para hacer «apostolado aéreo», hablándoles al piloto y al copiloto del Padre Pío en cuanto tuvo ocasión. Al pasar junto a ellos para bajar del avión, el comandante agradeció a Paloma su regalo de la novena con reliquia, añadiendo con una sonrisa que la rezaría.

En el vestíbulo del aeropuerto, abarrotado de pasajeros, nos aguardaba ya nuestro guía de lujo, fray Nazario, a quien ya conoce el lector, antiguo superior del convento de San Giovanni Rotondo. Su hábito de capuchino le delató enseguida entre el gentío.

El reloj marcaba poco más de las once de la mañana. No había ni un minuto que perder si queríamos dejar el equipaje en el hotel y llegar a tiempo a la primera entrevista concertada a las doce en punto con una hija espiritual del Padre Pío, a más de treinta kilómetros de allí.

Una vez a bordo del coche de fray Nazario, tuve una sensación similar a la de Paloma en el interior del avión: me vi envuelto en una especie de torbellino de cuatro ruedas, entre frenazos y acelerones, del que deseaba salir a toda costa para respirar algo de sosiego. Había oído que los taxistas romanos corrían que se las pelaban, pero a su lado fray Nazario era un auténtico campeón de rally.

Basta con decir que llegamos a tiempo a la entrevista, tras dejar a Paloma y Fernando con los niños en la plaza de San Pedro para que pudiesen visitar el Vaticano mientras yo hacía mi trabajo.

El encuentro con Giovanna, «Gianna» Vinci, duró alrededor de una hora. Tras despedirnos de ella, volvimos a subir al modelo más potente del *Golf GTI* para dirigirnos esta vez a ver a un fraile capuchino cuyo nombre ahora no recuerdo, que residía en el otro extremo de la ciudad.

Cuando pensaba ya que nos íbamos a recoger a Paloma, Fernando y los niños para almorzar todos juntos, fray Nazario me sorprendió con una tercera entrevista a las dos de la tarde.

Nos esperaba esta vez Domenico Mirizzi, capuchino misionero en Mozambique, proveniente de los Grupos de Oración del Padre Pío, con quien estuvimos hasta cerca de la tres. Fue una conversación apasionante en torno al Padre Pío, como las dos anteriores y las restantes que mantuve aquella misma tarde y los días siguientes, recogidas luego en mi libro *Padre Pío*.

Pero llevaba ya diez horas sin probar bocado, desde que salimos de casa aquella misma mañana, y era capaz de comerme hasta las piedras.

En el aeropuerto de Barajas no pudimos tomar ni tan siquiera un café; ni ganas que nos quedaron, la verdad, tras el percance sufrido. Y luego, a bordo del avión, el nudo que conservaba todavía en el estómago sólo me permitió beber algo de agua.

Paloma y Fernando nos aguardaban desde hacía tiempo con «la infantería» en un restaurante bueno, bonito y barato que les había indicado fray Nazario por teléfono.

A esas alturas, habían probado ya la sabrosa masa italiana en casi todas sus versiones: desde la tradicional Margarita o la Cuatro Quesos, hasta otras más sofisticadas como la Caprichosa y la Funghi, pasando por la Cuatro Estaciones, la Napolitana o la de Pepperoni.

—¿Qué tal estás? —me preguntó Paloma, nada más verme, como un simple saludo.

Me conocía tan bien, que no hizo falta que le respondiese. Había seleccionado con todo su cariño un plato con varias porciones de pizza, para que las probara.

—Se te habrán quedado heladas —lamentó.

Pero desfallecido como estaba, aquel surtido me pareció el mejor manjar sobre la tierra. Estaba cansado, pero a la vez muy contento por los testimonios sobre el Padre Pío que con tanto cariño me habían brindado.

Las entrevistas prosiguieron a lo largo de la tarde. Nunca agradeceré lo suficiente a fray Nazario su elaborada agenda de encuentros, que me permitieron componer luego el libro, convertido en un eficaz instrumento del Padre Pío para acercar a las almas al Señor y a la Virgen.

A la mañana siguiente del 13 de mayo, festividad de la Virgen de Fátima, nos aguardaba en su convento sor María Francesca Consolata, la primera religiosa que se incorporó al hospital del Padre Pío (*Casa Sollievo della Sofferenza*) en 1955, donde permaneció por espacio de veinte años, hasta 1975, en que decidió entrar en clausura. Su testimonio en el proceso de canonización del Padre Pío fue crucial para elevarle a los altares.

Paloma aprovechó para llevarse a los niños a conocer el Coliseo romano, mientras Fernando acudía a *Villa Tevere*, la sede central del Opus Dei en Roma, en la calle Bruno Buozzi. Como miembro numerario de la Prelatura, deseaba saludar a sus hermanos y compartir con ellos el almuerzo y la tertulia. Le encantaba la ciudad y añoraba sus tiempos de estudiante de Teología en el Colegio Romano, donde concluyó la licenciatura.

Nunca olvidaré el rostro angelical de sor Consolata: su mirada translúcida con la que era capaz de sonreír todo el tiempo, ni el cutis tan blanquecino y terso, sin el menor rastro de cosméticos. Parecía una niña con 95 años. Una paradoja viviente.

Poco antes, alguien me había advertido de que rezase para que su voz no se borrara de mis dos grabadoras, como le había sucedido a otra persona antes que a mí, cuando, al regresar a su oficina tras entrevistarla, se llevó esa tremenda decepción. «El demonio decidió jugarle una mala pasada», aseguró.

Nada más verla, sobre las diez de la mañana, comprendí por qué Satanás odiaba tanto a esa mujer virginal, que mantuvo su mano aferrada a la mía con palpable cariño durante toda la entrevista.

Cuando abandoné el convento, pensé en la Virgen María, convencido de que sin la inocencia de sor Consolata resultaba muy difícil alcanzar el Cielo. Conocerla fue el mejor regalo que pudo hacerme el día de su festividad la Virgen de Fátima, a cuyo museo donaría al año siguiente, durante una peregrinación a su santuario mariano en Portugal, el crucifijo con el que murió mi padre en la mano —y años después también mi madre—, tras ofrecer su vida por Juan Pablo II aquel mismo 13 de mayo, pero de treinta años atrás.

Comprendí que aquella cruz a la que estaba tan apegado y que en tantas ocasiones había apretado yo también en mi mano recordando a mis padres, debía retornar a la Virgen de Fátima.

El crucifijo de metal se conserva hoy en el santuario junto con otros muchos obsequios a Nuestra Madre de legiones de hijos suyos, agradecidos igualmente por su protección. Incluida la bala del turco Alí Agca que el propio Karol Wojtyla quiso llevar allí, comprobando que encajaba como anillo al dedo en la regia Corona de la Virgen de Fátima.

20

SANTA MARÍA LA MAYOR

Aquel mediodía encontré a Chema radiante, tras su entrevista con sor Consolata.

Nos fuimos todos a dar un paseo por la inmensa Via della Conciliazione, que conecta la plaza de San Pedro con el Castel Sant'Angelo, en la ribera occidental del río Tíber.

Chema iba relatándome, eufórico, su encuentro con una monja de la que estaba persuadido que seguía viendo al Padre Pío con sus propios ojos, cuarenta y dos años después de su muerte. Fernando nos seguía a cierta distancia con los niños.

—Tenías que haberte venido —lamentó, despertando todavía más mi interés.
—¿Quieres seguir contándome...? —le apremié, con avidez.
—No he conocido a una mujer así en mi vida.
—¿Cómo...?
—¿Te imaginas tener delante de ti a la Virgen María?
—Oye, no te pases.
—No he querido decir eso —rectificó—. Pero debe parecerse mucho a Ella: la mirada resplandeciente, una voz dulce como la de una niña pese a su edad, la ternura inefable y la paz que desprende... Era como si tocase

un pedacito de Cielo, agarrado a su mano, en aquella salita fuera de la clausura.

—¿Qué te ha contado del Padre Pío?

—Muchas cosas. Empezando porque a sus Misas iba precisamente la Virgen María para estar al pie de la Cruz, con su Hijo.

—Increíble... —musité.

—¿Sabías, por cierto, que la Virgen de Fátima curó al Padre Pío cuando estaba desahuciado por los médicos a causa de una pleuritis exudativa?

—¿Pleuritis qué...?

—Da igual: la inflamación de las membranas que recubren la superficie de los pulmones. La Virgen de Fátima le curó cuando su talla original peregrinó en helicóptero a San Giovanni Rotondo, procedente de Portugal. Pero ¿a que no sabes qué día sucedió eso?

—Como no me lo digas tú...

—¿Te sugiere algo el 5 de agosto?

—¿Bromeas...? ¿El mismo día de tu conversión?

—El 5 de agosto sí, pero de 1959.

Chema seguía relatándome su encuentro con sor Consolata como si permaneciese en Babia, ajeno por completo a los comercios y residencias que jalonaban la Via della Conciliazione, como la iglesia de Santa María en Traspontina o el Palazzo Torlonia.

Nos detuvimos precisamente frente a la fachada rectangular de este palacio, de varias plantas y pequeñas ventanas, construido a principios del siglo XVI para el cardenal Castellesi.

El día anterior, los niños y yo nos habíamos desquitado visitando el Coliseo. A las puertas del anfiteatro del antiguo Imperio Romano, en el mismo centro de la ciudad, tomé a Borja e Inés varias fotografías posando con unos señores vestidos de legionarios y se las envié a Chema por el móvil. Eran realmente divertidas, pero él debía estar demasiado ocupado entonces porque no me contestó.

Nos fuimos a continuación a la Vía del Corso, la arteria principal de la ciudad que vertebra la Piazza del Popolo hasta la de Venezia, comparable a la calle Preciados de Madrid o a la de Sierpes, en Sevilla. Era la avenida comercial por excelencia, donde encontramos incluso firmas españolas como

Zara y Mango. Pero a mí me hacía ilusión sorprenderle a Chema con una bonita camisa de diseño italiano, que al final no resultó tan cara como imaginaba. Estaba deseando ya que terminase sus entrevistas para verle y que me contase en especial la de sor Consolata. Debíamos visitar luego juntos Santa María la Mayor para cumplir nuestra promesa a la Virgen.

Le telefoneé varias veces al móvil, pero no hubo manera de hablar con él. Añoraba mucho su presencia, insisto, sintiéndome desamparada mientras paseaba con los niños por las calles de Roma.

Por fin, sonó el teléfono. Era él. Aprovechó un descanso para llamarme. Acababa de ver las fotografías de los niños con los legionarios romanos y mi montón de llamadas perdidas. Me sorprendió justo cuando tenía su camisa en las manos, disponiéndome a pagarla. Como si me viera. Percibí su fatiga al otro lado del teléfono, indicándole que comiera algo. Pero él insistió en terminar cuanto antes sus entrevistas para irnos luego juntos a Santa María la Mayor. Estaba como loco tras su encuentro con sor Consolata.

Y allí estábamos poco después otra vez juntos, en la Via della Conciliazione, cuando él quiso comprobar que la voz de la monja se había registrado correctamente. Extrajo así una de las dos grabadoras de su cartera de cuero marrón y, con ella en la mano, me invitó a seguir caminando por el centro de la ancha avenida, sin más techo sobre nuestras cabezas que el cielo despejado de la primaveral Roma.

Nada más pulsar el «play» y empezar a escuchar la voz melodiosa y sosegada de sor Consolata, la reproducción se interrumpió de súbito por la caída a plomo de una gran masa viscosa sobre la coronilla de Chema, que le salpicó el traje azul, desde la americana hasta los pantalones.

Sobresaltados, miramos hacia arriba para confirmar de nuevo que no teníamos encima más que la inmensidad de la bóveda celeste. ¿De dónde provenía entonces aquella monumental cagada, que impactó sobre la cabeza de Chema con la misma contundencia que un globo de agua arrojado desde un quinto piso contra el suelo? No era precisamente un excremento de tórtola, ni de cualquier otro tipo de ave conocida. Tampoco creo que ningún naturalista del mundo hubiese podido certificar su procedencia. Bien sabe Dios que no exagero.

Fernando no pudo contener la risa, ni mucho menos su asombro, en cuanto vio a Chema rociado por esa cantidad infame de desecho:

—Pero chiquillo, ¿qué ha sido eso? —preguntó con deje andaluz, tras percibir también la misma detonación seca.

—Mierda, ¿es que no lo ves? —repuso Chema, con un mohín de asco.

—Y apesta que no veas... —añadió, pinzándose la nariz con los dedos.

Menos mal que había una farmacia cerca donde pude comprar un paquete de toallitas perfumadas para limpiarle. Hasta que esa noche se tomó una ducha ya él en el hotel de San Giovanni Rotondo, hacia donde estábamos a punto de partir.

Pero antes, recuerdo, nos dispusimos a cumplir una promesa muy importante a la Virgen de las Nieves: visitar su basílica para agradecerle el milagro de poder casarnos a nuestro regreso.

Desde que Chema reparó en que su conversión se produjo el día de la Virgen de las Nieves y más tarde comprobó que existía una basílica dedicada a ella en Roma, hicimos la solemne promesa de visitarla en cuanto tuviésemos ocasión.

Llegamos así a la Basílica de Santa María La Mayor, también llamada de Santa María de las Nieves o Liberiana, que debía su construcción a otro milagro de la Virgen, además del nuestro.

Como sucedía con la iglesia Madre de Dios en Almagro, aunque ésta no pudiese compararse en modo alguno con la belleza y los tesoros que albergaba la simpar basílica romana, estábamos delante del lugar de culto mariano más grande e importante de toda la Ciudad Eterna.

Construida sobre un templo pagano de Cibeles, era la única iglesia de Roma, junto con la de Santa Sabina, que conservaba aún intactas la planta basilical y la estructura paleocristiana primitiva, además de haber sido durante algún tiempo la residencia de los Papas.

El Pontífice Liberio —de ahí uno de los nombres que recibía la iglesia— encargó su construcción a mediados del siglo IV para conmemorar la aparición de la Virgen María a un patricio romano, de nombre Juan, y a la esposa de éste.

El matrimonio no tenía hijos, pero sí una inmensa fortuna que dedicó a levantar el templo.

Cuenta la tradición que el perfil de la iglesia fue trazado en el suelo por una milagrosa nevada que cayó sobre la ciudad en plena canícula romana, el 5 de agosto del año 358, en lo alto del Esquilino, una de las siete colinas de la antigua Roma.

Surgió así la advocación de la Virgen de las Nieves. Durante la celebración de la Misa festiva, los católicos conmemoraban el milagro arrojando pétalos de rosas blancas desde la bóveda.

Contemplamos Chema y yo, maravillados, aquel suceso extraordinario reproducido en el interior de la basílica por un discípulo de Giotto, el primer artista que contribuyó a la creación del Renacimiento italiano.

El cuadro representaba al Papa Liberio dormido, con un grupo de ángeles y llamas sobre su cabeza; y justo enfrente, a la Virgen.

En otro lienzo se veía a Juan, el generoso patricio, dormido también e iluminado por una nueva aparición mariana.

Incluso Murillo se hizo eco de la tradición en una de sus obras, en la que aparece el matrimonio relatando su visión al Papa, con la procesión y el campo nevado al fondo.

La vinculación del reino de España con esta iglesia data nada menos que de 1647, cuando el Papa Inocencio X, haciéndose partícipe de los deseos del rey Felipe IV, erigió la Obra Pía de Santa María la Mayor, mediante la cual se asignó una renta anual al cabildo de la basílica a cambio de honores litúrgicos y preces para la monarquía española. Desde entonces, los monarcas de España son protocanónigos honorarios del Cabildo Liberiano de esta basílica.

Bajamos Chema y yo aquella mañana a la cripta de Belén, donde yacía sepultado San Jerónimo, doctor de la Iglesia y traductor de la Biblia al latín en el siglo IV, conocida como la Vulgata.

Sobre aquel mismo altar que entonces contemplábamos, celebró su primera Misa el futuro San Ignacio de Loyola, el 25 de diciembre de 1538, fundador de la Compañía de Jesús.

Pero lo que más atrajo nuestra atención de aquella cripta en la que reinaba la paz fue, sin duda, la reliquia de la cuna donde se cree que nació el Niño Jesús. Permanecimos unos minutos rezando delante de ella, en acción de gracias.

Recordé entonces el asombroso testimonio de Lucía Iadanza, un alma predilecta del Señor que estuvo ya desde su infancia en Pietrelcina bajo la dirección espiritual del Padre Pío, de quien aprendió el catecismo, los himnos y los ejercicios de piedad.

Cuando al Padre Pío le destinaron a San Giovanni Rotondo, ella le visitó allí numerosas veces para seguir recabando sus inspirados consejos.

La Nochebuena de 1922, Lucía quiso pasar aquella noche tan entrañable cerca del Padre Pío. Como hacía mucho frío, los frailes instalaron en la sacristía un brasero encendido, alrededor del cual Lucía aguardó hasta la medianoche en compañía de otras mujeres para asistir a la Misa del Padre Pío.

Mientras sus tres compañeras se quedaron dormidas, ella siguió rezando el Santo Rosario. Vio entonces al Padre Pío bajar por la escalera interna de la sacristía y detenerse junto a la ventana. De repente, en un halo de luz, contempló al Niño Jesús en brazos del capuchino, cuyo rostro se tornó radiante.

Cuando desapareció la visión, el Padre Pío reparó en que Lucía le miraba atónita. Acercándose a ella, le preguntó:

—Hija mía, ¿qué has visto?
—Padre, lo he presenciado todo —se sinceró ella.
—No debes contarle a nadie lo que acabas de ver; de lo contrario, te retuerzo el pescuezo como a una gallina.

Entretanto, fray Nazario me había llamado ya unas cuantas veces por teléfono. Como lo había apagado al entrar en el templo, no reparé en ello hasta que salimos de allí. Nos aguardaba para almorzar en una trattoria con Silvia, una guía turística amiga suya y gran devota del Padre Pío, que había trabajado en Tierra Santa y en San Giovanni Rotondo.

Partimos luego todos juntos, repartidos en dos coches, a recoger a nuestros amigos Nacho y Claudina, que llegaban a Roma en el vuelo de las tres, procedente de Madrid.

Yo me ocupé de comprarles varias raciones de pizza para que tuviesen algo que comer, pensando que no habrían podido hacerlo durante el viaje, junto con unas botellas de agua y unas latas de Coca-Cola.

Pero nada más verla a ella, me dije: «¡Madre mía, la que se nos avecina!». No entendí por qué, pero parecía enojada conmigo. Tenía el mismo gesto fruncido, de pocos amigos, de alguien que acabase de protagonizar una fuerte discusión. Nos saludamos con corrección. Traía en brazos a su hija de seis meses: una criaturita adorable a la que me hubiese comido a besos de no estar delante su madre tan seria y quién sabe, como digo, si enfadada por algo.

Con Nacho, en cambio, fue muy distinto; o mejor dicho, como siempre: Chema y él se querían como hermanos. Y lo eran en Cristo.

Poco después, nos vimos obligados Chema y yo a viajar cada uno en un coche distinto porque Claudina dijo de repente, muy seca, que de su marido ella no se separaba. Yo pensé que de mi novio y futuro marido tampoco quería separarme. Bastante sufría ya conteniéndome a la hora de abrazarle o de besarle, desde el 5 de agosto, viéndome forzada a vivir con él como si fuese mi hermano.

Chema también lamentó la actitud displicente de Claudina. No hizo falta que abriese la boca. Bastó una sola mirada cómplice para leernos el pensamiento. Más de diez años juntos, conviviendo tan intensamente sin apenas discusiones entre nosotros, daban para eso y mucho más. Los años enseñaban muchas cosas que los días jamás llegaban a conocer.

Resignados, subimos así cada uno a un vehículo para emprender el viaje a San Giovanni Rotondo. Presentíamos ya que esos días no iban a ser precisamente un camino de rosas. El demonio había empezado a hacer ya de las suyas: primero, en el aeropuerto de Barajas, antes de despegar hacia Roma y ahora, tras la llegada de Nacho y Claudina.

¡Cómo disfrutaba el perverso diablo sembrando la división entre los amigos y propiciando situaciones que nos hiciesen perder la paz!

Intuíamos así que la empresa del Padre Pío, igual que su propia vida, requería mucho sufrimiento. El mismo demonio ya advirtió al capuchino que como no pudo derrotarle en vida, se volcaría en perseguir su obra y a quienes la propalaran en esta tierra. Y parte de esa obra, aunque fuera mínima, ya había empezado a hacerla Chema, defensor a ultranza del santo, con su futuro libro.

Desde el coche, yo le enviaba mensajes a él por el móvil: «Amor, te echo de menos...», llamándole incluso varias veces para ver cómo estaba.

Por fin, al cabo de unos doscientos kilómetros, casi a mitad de camino, nos detuvimos para repostar gasolina y tomar algo en una vía de servicio. ¡Qué gozada fue bajar del coche para poder estar de nuevo juntos, aunque fuese un ratito!

Casi desde que conocía a Chema, nos habíamos separado en contadas ocasiones, con motivo de un viaje suyo a Nueva York durante una semana entera que se me hizo interminable, y algunos más que ahora no viene a cuento recordar. Pero gracias a Dios, casi siempre estábamos juntos: él con su trabajo y yo con mis cosas de la casa, las cuales alternaba con las gestiones burocráticas.

Una vez en la cafetería, nos servimos cada uno algo de beber y comer en bandejas, que llevamos hasta la mesa. Pero cuál fue nuestra sorpresa al reparar en que Claudina no quiso sentarse con nosotros, pese a que había espacio de sobra, sino que se fue a otra mesa con Nacho y la niña. Chema y yo volvimos a mirarnos dolidos, sin entender qué pasaba.

Al llegar a San Giovanni Rotondo, los niños estaban ya agotados. Durante el viaje, habían insistido en si faltaba mucho para llegar. Eran casi las ocho de la noche.

Antes de cenar, fray Nazario celebró la Misa para nosotros en la capilla de la Casa Alivio del Sufrimiento, fundada por don Pierino Galeone, sacerdote octogenario con fama de santo a quien Chema debía entrevistar dos días después.

Nos habían preparado una copiosa y exquisita cena: tres platos y postre, nada menos. Estuvimos después de tertulia hasta las doce aproximadamente, la cual nos sirvió para hacer la pesada digestión antes de acostarnos.

Chema y yo habíamos reservado dos habitaciones a un extremo cada una del pasillo. En la más grande dormí yo con los niños, mientras la otra quedó para él.

Al despedirnos aquella noche, tuve la misma sensación que la primera vez en Madrid. Se me hizo un nudo en la garganta y sentí miedo de dormir tan lejos de él.

Me costó mucho conciliar el sueño. Estábamos en el mismo lugar donde había vivido 52 años de su vida el Padre Pío y todavía no habíamos pisado ni una sola de sus huellas. Debimos contentarnos, a nuestra llegada, con divisar de lejos su convento, en espera de poder visitarlo al día siguiente.

En medio de la oscuridad, empecé a recitar de memoria la novena del Padre Pío para que el viaje diese mucho fruto. Presentía ya, insisto, que nos iba a tocar sufrir mucho durante esos días si queríamos obtener la recompensa purificadora para nuestras almas y, sobre todo, la conversión de todas las que el Padre Pío quisiese conquistar para Cristo.

A la mañana siguiente, Chema debía proseguir con las entrevistas, que le ocuparon también toda la tarde. El día de nuestra llegada a Roma le había notado ya muy cansado. Oraba así, sin cesar, para que el Señor y el Padre Pío le diesen la fortaleza suficiente para cumplir con su difícil misión.

21

LA PASIÓN

El 14 de mayo, viernes de Pasión, amaneció soleado en San Giovanni Rotondo.

Pero a mí, la verdad, me importó un comino el tiempo que hiciese allí. Pasé, de hecho, casi toda la mañana entera haciendo entrevistas en una estancia cerrada de la Casa Alivio del Sufrimiento, mientras Paloma visitaba con el resto de la tropa las dependencias nuevas del convento.

Tuve así la convicción de que el Padre Pío no me había invitado allí para hacer turismo, ni siquiera religioso, sino para acercar mi alma a Dios a través de la renuncia y del sufrimiento. Era imposible, si no, que pudiese servirle de instrumento, aunque miserable, para llevar almas a Dios.

El libro que tenía entre manos no había sido idea mía, sino del Padre Pío, que me había elegido a mí entre millones de personas para llevarlo a cabo. «¿Y por qué a mí?», me preguntaba con insistencia, desde el principio.

Recordé finalmente, con gran consuelo, que el Señor elegía a los grandes pecadores para que todo el mundo se convenciese de que la obra era exclusivamente suya. Y de la noche a la mañana, cuando Él quiso y yo menos lo esperaba, me vi convertido en uno de esos «peces gordos» a los que hizo morder el anzuelo por medio del Padre Pío para que clamase, como el mismo Jesús exhortó a Pedro el pescador: *Duc in altum!* [¡Mar adentro!]. Estaba persuadido de que el hallazgo providencial de un libro como el del Padre Pío podía cambiar el destino de un alma.

No puse un pie en el convento hasta la tarde, en que habíamos quedado con el superior, fray Carlos M. Laborde, para que nos mostrase los lugares reservados donde vivió la mayor parte de su vida el Padre Pío. Empezando por su celda número 5, el mismo día de mi conversión y, por si fuera poca coincidencia, idéntico día también al que recibió la transverberación, durante la cual su corazón fue traspasado por una lanza de fuego arrojada por el mismo Jesús.

Visitamos luego la pequeña capilla donde celebraba Misa en la intimidad, cuando le prohibieron hacerlo en público, así como el coro donde recibió los estigmas del Señor. Desfilamos igualmente por el mismo corredor que él atravesaba cada día para dirigirse a la celda, y contemplamos el confesonario en cuyo interior lavó más de 500.000 almas a lo largo de su vida... Incluso tuvimos el privilegio de examinar con detenimiento sus objetos personales y piadosos: las dilatadas sandalias, el lienzo con restos de su bendita sangre, la preciosa imagen de la Virgen de las Gracias con la que se congraciaba recostado desde la cama, su crucifijo desgastado de tanto besarlo y mantenerlo sujeto en su mano derecha estigmatizada, el Santo Rosario con las cuentas también deslucidas por millares de Avemarías... ¡Qué maravilla tocar sus cosas, venerándolas como reliquias!

Palpaba la presencia del Padre Pío en lo más profundo del alma. Y todavía yo, con mucha más razón que él, me sentía obligado a repetir su máxima: «Señor, consagro mi pasado a Tu Misericordia, mi presente a Tu Amor, mi futuro a Tu Divina Providencia».

La entrevista, celebrada en una gran sala del convento con monseñor Juan Rodolfo Laise, obispo emérito de San Luis, provincia argentina situada en la región de Cuyo, que vivía retirado allí desde junio de 2001, me resultó muy ilustrativa sobre la espiritualidad del Padre Pío, basada en el sentido del sufrimiento, que no era otro que el del Amor, con mayúscula.

¿Quién fue acaso el Padre Pío sino otro cordero preparado para el sacrificio, como el mismo Jesús?

Sentado a su lado, tras deshacerse por un momento de su andador de aluminio, nos acompañaba fray Paolo Covino, el sacerdote capuchino que le dio la Unción de Enfermos al Padre Pío, la madrugada del 23 de septiembre de 1968.

Contaba 92 años y sólo dos después fallecería, en diciembre de 2012. Pero hasta entonces, sonreía igual que un niño y se expresaba también como un niño.

Al preguntarle por el Padre Pío, me dijo paladeando cada palabra:

—Era un hombre de Dios. Rezaba por quien no rezaba. Apenas comía ni bebía. Llevaba siempre en la mano el Santo Rosario, su arma más poderosa contra el enemigo, la cual empleaba sin descanso... Él decía: «Haced amar a la Virgen. Ella os escuchará. Rezad el Rosario todos los días y Ella lo pensará todo».

Acto seguido, fray Paolo revivió la infinita agonía del Gólgota; o lo que era lo mismo: la Misa del Padre Pío, que despertaba gran expectación y recogimiento en todos los fieles. Instantes después de que el celebrante abriese las puertas de la iglesia, reinaba ya un sepulcral silencio, en señal de profundo respeto al Señor. ¡Y pobre de quien se hubiese atrevido a profanarlo en presencia del Padre Pío!

Se despojaba él entonces de los guantes para entregárselos a fray Paolo. Luego, repiqueteaba la campana. San Francisco iba delante, seguido de muchos santos franciscanos; a continuación venía la Virgen, con legiones de ángeles. Iniciada la Misa, cuando el Padre Pío entonaba el *Mea Culpa*, se golpeaba el pecho tan fuerte, que se oía en toda la Iglesia, como si fuese el mayor pecador sobre la tierra.

Durante la celebración, tal y como recordaba Covino, el Padre Pío era flagelado y coronado de espinas. En la Comunión, moría crucificado. Veinte minutos después, bendecía a todos los fieles y regresaba a la sacristía donde él le devolvía los mitones. Así, un día y otro.

Como aquella mañana en que, como más tarde me refirió Lucía Ghislieri, hija espiritual del Padre Pío y madrina de Confirmación de nuestro hijo Borja, le dijo aquél a otra hija suya que llevase consigo a su novio, agnóstico, a una de sus misas. Ella logró vencer finalmente las reticencias del hombre con quien pensaba casarse.

Durante la celebración, la mujer observó que él empezaba a palidecer a su lado. Le susurró preocupada algo al oído, pero su novio hizo caso omiso. Miraba fijamente hacia el altar donde estaba el Padre Pío. Sólo al término de la Eucaristía, le preguntó a su novia, muy serio:

—¿Este hombre, siempre que celebra Misa, está así?
—¿Cómo...? —repuso ella, atónita.
—¡De sangre hasta los tobillos! —exclamó él.

Aquella visión milagrosa marcó el comienzo de su nueva vida. El hombre acabó hincado de rodillas en el confesonario del Padre Pío... ¡Y vaya que si creyó en Dios desde entonces!

La mayor parte de la conversación giró aquella tarde en torno al sufrimiento. Vino a mi memoria entonces el impresionante testimonio de fray Modestino, el hermano portero del convento.

¡Con qué emoción, sintiéndose depositario de incalculables tesoros, recibió un día este humilde fraile, que hacía honor a su nombre de pila, la llave de la celda del Padre Pío y la de su archivo personal de manos del entonces superior fray Pellegrino Funicelli para que pusiese todo en orden tras la muerte del estigmatizado!

Relataba fray Modestino, con todo lujo de detalles, cómo empezó a trasladar la ropa del Padre Pío a su celda, envolviendo con mimo cada prenda para preservarla de la acción perniciosa de la polilla, certificando a continuación su autenticidad y clasificándola por último con un número de referencia.

Así lo hizo primero con los ornamentos y objetos sagrados empleados por el Padre Pío durante la Misa, ocupándose después de su vestimenta personal: las lanas sagradas de los hábitos, de la capa, de las bufandas que habían abrigado su garganta en los gélidos inviernos de la región del Gárgano... Y de repente, cayó en la cuenta, estremecido, de que pasaban por sus manos las pruebas tangibles del inmenso sufrimiento de aquel santo. Su martirio diario, crucificado de Amor como Jesús, que le hizo exclamar: «¡Sangre, sangre, sangre por todas partes!».

Reparó incluso en la presencia de pequeñas costras en los incontables lienzos que habían taponado las hemorragias de la herida del costado. Y observó también las huellas sanguinolentas de los estigmas en los guantes blancos usados por el Padre Pío para lavarse la cara y en sus calcetines del mismo color.

La emoción de fray Modestino alcanzó su cénit al desdoblar dos pañuelos empapados en sangre con los que el Padre Pío se había enjugado sus lágrimas. Desplegó luego otros tres pañuelos, encarnados también, corroborando que en su caso habían absorbido el sudor de la frente.

Junto a esas prendas, figuraba una declaración jurada del padre Onorato Marcucci, fechada el 6 de mayo de 1955, dando fe de cómo él mismo había utilizado aquellos cinco pañuelos para limpiarle la frente y la cara al Padre Pío, comprobando que tanto el sudor como sus lágrimas...¡eran de sangre!

Con razón aseguraba el Padre Pío que su existencia estaba asociada a la Pasión de Cristo, reviviendo así cada día el mismo ofertorio que hizo Jesús en el huerto de Getsemaní.

Pero hubo otra prenda que volvió a estremecer al fraile en cuanto leyó su correspondiente declaración de autenticidad, datada el Viernes Santo de 1921, que la definía como «camisa de la flagelación».

Era de lino, remendada, con mangas largas. Debió envolver el cuerpo del Padre Pío hasta las rodillas. Fray Modestino la trató con el mismo exquisito celo que a las restantes, desdoblándola muy despacio hasta comprobar con horror aquella sinfonía roja de sufrimiento: manchas coloradas por doquier, de sudor seroso, más intensas en la zona dorsal izquierda, que llegaban a la altura de los riñones.

Posó la camisa sobre la cama y rompió a llorar, clamando: «¡No soy digno! ¡Mi Padre Pío flagelado, torturado como mi Señor!».

Sólo entonces comprendió de verdad la confidencia que le hizo el Padre Pío una mañana de mayo de 1947, estando juntos en el coro, ante el mismo crucifijo donde había recibido los estigmas casi treinta años atrás: «Hijo mío, mi vida es un continuo martirio».

Había leído fray Modestino, en su *Epistolario*, que sufría la flagelación «casi semanalmente», pero otra cosa muy distinta era tocar con sus propias manos la prueba fehaciente de aquel tremendo suplicio.

La propia madre del pequeño Francesco, María Giuseppa di Nuncio, sorprendió a éste varias veces, con apenas diez años, flagelándose la espalda con una cadena de hierro hasta sangrar. Preocupada por su salud, decidió preguntarle otro día por qué lo hacía. Él respondió: «Debo golpearme como los judíos lo hicieron con Jesús».

Los mismos judíos a quienes San Juan, en su primera carta, aludía así:

«¿Quién es el mentiroso sino el que niega que Jesús es el Cristo? Ése es el Anticristo, el que niega al Padre y al Hijo. Todo el que niega al Hijo, tampoco tiene al Padre; el que confiesa al Hijo, tiene también al Padre» (1 Jn 2, 22-23).

Cuando ya creía haberlo visto todo, fray Modestino descubrió otro vestigio aterrador. Recordó que una tarde de 1947, hallándose con el Padre Pío ante su celda número 5, éste le confió que uno de sus mayores dolores lo sentía cada vez que debía cambiarse de camiseta. Y en efecto, el 4 de febrero de 1971, mientras examinaba una de sus camisetas de lana, el fraile comprobó para su sorpresa que a la altura del hombro derecho, junto a la clavícula, había una mancha de sangre que evidenciaba una equimosis circular de unos diez centímetros de diámetro.

Era la misma llaga del Señor, provocada por el peso abrumador y los continuos roces del madero compacto y rígido de la Cruz sobre el hombro derecho, que acabaron desgarrando su sagrada epidermis y el tejido subcutáneo, hasta dejarle varios huesos al descubierto.

El sufrimiento de contemplar a Cristo con la Cruz a cuestas, cargando con los pecados de toda la humanidad, provocó en el Padre Pío aquel mismo dolor físico y, sobre todo, moral.

Y entre los dolores físicos, el doctor Antonio Cardone, paisano de Pietrelcina, le confió a fray Modestino el día en que para cerciorarse de si las llagas estaban abiertas o cicatrizadas en la mano derecha del Padre Pío, introdujo el pulgar y el índice de manera que se tocasen el uno al otro.

El capuchino estigmatizado sintió un daño atroz, que le hizo exclamar:

—¡Eh!, doctor, ¿acaso eres como Santo Tomás? ¡A mí las heridas me duelen!

Mientras charlaba con monseñor Laise y fray Paolo Covino sobre el gran sufrimiento del Padre Pío, sin el cual le hubiese sido imposible salvar a tantísimas almas, resonaron en mi cabeza las palabras de Jesucristo transcritas por San Mateo al dictado del Espíritu Santo: «No está el discípulo por encima del maestro, ni el siervo por encima de su señor. Al discípulo le basta con llegar a ser como su maestro, y al siervo como su señor» (Mt 10, 24-25).

Aquella enseñanza del Hijo de Dios se había cumplido al pie de la letra con el Padre Pío, convertido así en otro Cristo sobre la tierra.

Y aunque de forma muy distinta y a un nivel en modo alguno comparable al suyo, me sentía yo también destinatario del mismo mensaje divino. Había ido allí con la loable intención de escribir un libro sobre el Padre Pío, pero sólo con mi buena voluntad no iba a ninguna parte.

Presentía así que un privilegio semejante, que tanto bien podía hacer a las almas, no iba a salirme precisamente gratis. Si pretendía que aquel instrumento del santo de los estigmas diese el fruto esperado, debía pasar yo también antes mi propio calvario para purificar mi alma.

El Padre Pío era muy exigente con las personas en cuyas vidas irrumpía con la fuerza de un tornado para arrancar las malas hierbas de su corazón. Y el mío seguía siendo entonces como un jardín abandonado que él había empezado ya a podar con todo su amor para que las plantas floreciesen algún día.

Faltaba, además, tan sólo un mes para que me casara con Paloma y debía presentarme ante Dios con el alma lo más limpia posible para recibir toda la gracia del sacramento.

Aquella misma tarde, antes de que monseñor Laise regresase a la rutina del convento, le pedí que me confesara. Me sentía sucio aún por dentro. Necesitaba pedirle perdón al Señor de nuevo con toda el alma antes de proseguir con la tarea que tenía encomendada.

Atravesamos juntos el coro, bajando luego por las escaleras en dirección a los confesonarios. Poco después, me indicó él con la mirada la cabina de madera con rejilla donde el Padre Pío había pasado hasta dieciocho horas consecutivas al día impartiendo la absolución a los pecadores en nombre de Cristo.

Y ahora, monseñor Laise, que hizo la profesión solemne en la Orden de los Frailes Menores Capuchinos, como el Padre Pío, el 13 de marzo de 1949, se colocó la estola sobre los hombros para lavar también mi alma.

La confesión fue, como debieran serlo todas, a tumba abierta. Examiné antes mi conciencia, repasando mentalmente los diez mandamientos y los siete pecados capitales, para expulsar los sapos y culebras desde mi última confesión semanal; aunque a veces, sintiéndome tan miserable desde mi conversión, llegase a frecuentar el sacramento de la Penitencia cada tres o cuatro días.

Ninguno de los dos dijo tener prisa, de modo que debí permanecer de rodillas más de treinta minutos. Tras recibir la absolución, volví a sentirme más ligero. Lloré de alegría, abrazado a mi confesor, que pronunció palabras muy bellas. Experimenté mucha paz y renové mi fortaleza para seguir adelante con la misión. Pero mi sosiego interior iba a durar mucho menos de lo que yo podía imaginar...

22

«PIUCHO»

Al día siguiente de nuestra llegada a San Giovanni Rotondo, me fui con los niños y con Fernando a visitar el convento, aprovechando que Chema había empezado ya sus entrevistas.

Me entristeció mucho que no pudiese acompañarnos aquella primera vez, pero ofrecí en silencio todo el dolor por su ausencia, mientras subíamos la empinada calle que conducía hasta el convento, situado muy cerca de donde nos alojábamos.

Durante la ascensión, me detuve para contemplar la antigua casa de María Pyle, «la americana», como motejaban en el pueblo, por su procedencia, a la mujer que puso los pies allí por simple curiosidad, tal y como ella misma reconoció al Padre Pío la primera vez que le vio, en 1924.

Criada en el seno de una familia protestante, María Pyle llegó a Italia como colaboradora de María Montessori, la primera mujer del país transalpino en alcanzar el grado académico de doctora. Su inmenso legado colegial es de sobra conocido hoy en medio mundo. La recién llegada también era doctora, además de una mujer atractiva y dueña, por si fuera poco, de una fortuna colosal.

Convertida al catolicismo en España, en 1918, María Pyle se sintió defraudada tras conocer al Padre Pío, pues éste, en lugar de brindarle una de sus rápidas y certeras respuestas, optó por callarse. «¿Cómo iba a resolver sus inquietudes científicas y pedagógicas aquel fraile tan rudo e ignorante?», debió pensar ella, orgullosa y altanera.

Pero al cabo de una semana, estando en la isla de Capri, la doctora tuvo un sueño: se vio en una carroza tirada por caballos, sentada a la izquierda de María Montessori, que llevaba las riendas. El camino era muy peligroso, cubierto de nieve. Pero de repente, la imagen cambió por completo y María Pyle se encontró ahora sentada a la derecha de un fraile, que conducía la carroza con donaire. Reconoció enseguida al Padre Pío. Los caballos corrían ligeros, en medio de una atmósfera luminosa, ascendiendo por una calle escarpada que desembocaba en la fachada de un hospital. María Pyle se percató de que era en realidad el atrio de la iglesia de Nuestra Señora de las Gracias, de San Giovanni Rotondo. El Padre Pío detuvo la carroza y anunció: «Ya hemos llegado».

El sueño había terminado. Pero ella, intrigada, decidió regresar allí para aclarar el misterio. Nada más verla en la iglesia, el Padre Pío se acercó a María Pyle y, sin dejarla hablar esta vez, le dijo a modo de saludo: «Bienaventurados los que se sientan a la derecha. Hemos llegado».

Huelga decir que María Pyle llegó aquel día para permanecer el resto de su vida allí. Vendió cuanto tenía y distribuyó el dinero entre los pobres, construyéndose la misma casa que ahora yo contemplaba sumida en mis pensamientos.

Poco después, llegamos a la altura de la fachada del convento. El corazón me latía como un tambor, no tanto por la fatiga de la subida, como porque al fin podía contemplar delante de mí la imagen real que tantas veces había visto en la película *Padre Pío*, producida por la RAI.

No era ya el lugar retirado e inhóspito al que llegó el Padre Pío, el 28 de julio de 1916. San Giovanni Rotondo estaba situado en el pequeño apéndice que sobresalía en el mar Adriático, antes de adentrase en el golfo de Manfredonia, conocido popularmente como «el espolón de Italia», a una altitud de seiscientos metros sobre el nivel del mar, parecida a la de Madrid.

Yacía enclavado en la reducida península del monte Gárgano, célebre por el santuario de San Miguel Arcángel. Pero la primera vez que puso allí los pies el Padre Pío permanecía aislado del mundanal ruido, sin agua corriente ni luz eléctrica, como tampoco medios higiénicos.

Si el convento que admiraba yo boquiabierta aquella mañana era antes austero y solitario, en sintonía con el paisaje árido y rocoso, ahora en cambio estaba rodeado de casas, hoteles y pinos verdes.

Fundado en 1520 por los capuchinos, permaneció dedicado al principio a la más estricta observancia. En 1810, cuando Napoleón Bonaparte era el dueño y señor de casi toda Europa, incluida España, el convento fue abandonado y poco después recuperado por los religiosos. Hasta que sufrió un nuevo desalojo, como consecuencia de la ley del príncipe Eugenio de Saboya de 1886, retornando a manos de los capuchinos en 1909.

Reparé enseguida en la ventanita de la celda del Padre Pío —«Piucho», como le llamaban sus hermanos con cariño—, imaginándole asomado a ella para darnos la bienvenida. Al entrar en el convento, me eché a llorar y no tuve más remedio que ponerme unas gafas oscuras para disimular. Sentí como si el mismo Padre Pío nos hubiese abierto la puerta, indicándonos con una sonrisa inefable: «Adelante, adelante...».

Recorrimos el interior muy rápido. Subimos al coro y contemplamos justo debajo la iglesia donde el Padre Pío celebraba la Misa, presidida por un hermoso óleo de Nuestra Señora de las Gracias, del siglo XIV, con su airosa corona sostenida por una pareja de ángeles y el Niño en brazos.

Desde allí, nos fuimos a la iglesia nueva donde estaba la tumba del Padre Pío, todavía sin su cuerpo incorrupto expuesto al público, a diferencia de hoy.

Fue entonces, mientras rezaba delante de la sepultura, cuando percibí por primera vez el singular perfume del Padre Pío. Una oleada intensa, mezcla de rosas, jazmines y violetas, como la que sentiría Chema dos días después cuando don Pierino Galeone le dio a olfatear una antigua carterita del Padre Pío que conservaba en recuerdo de su amistad.

Llegué a solidarizarme con el doctor Giorgio Festa, privado del olfato desde su nacimiento, pues éste tampoco era el mejor de mis cinco sentidos, sino con toda seguridad el peor. Pero a diferencia de Festa, incapaz de oler el embriagador perfume en el paño empapado con la sangre del Padre Pío que llevaba consigo tras reconocerle, yo le di las gracias de corazón por semejante regalo que me supo a la más tierna y dulce de las bienvenidas.

Llevaba desde el 6 de agosto pidiéndole al Padre Pío con más intensidad que intercediese por la nulidad matrimonial de Chema para poder casarme con él. Y una vez más, mi queridísimo padre del alma no me falló. La noticia no pudo llegar en mejor momento, como ya contó Chema: el 7 de mayo, mes mariano por excelencia, y encima primer viernes.

No recuerdo exactamente el tiempo que pasé rezando sola en un reclinatorio frente a la tumba, pero no debió ser menos de media hora. ¡Di tantas gracias a Dios, a la Virgen y al Padre Pío...!

Recé su Novena completa y pasé luego varias con reliquia por su tumba con intención de darle la primera a Chema y repartir el resto entre nuestros amigos y conocidos en Madrid.

Volví a ver a Chema a la hora del almuerzo. Le encontré todavía más cansado, como si acabase de culminar otra estación de su Via Crucis particular. Me contó que a última hora había tenido que irse a casa de una mujer de San Giovanni, que pertenecía a los grupos de oración del Padre Pío. Y que una vez allí, en el salón de aquella casa repleto de paisanos, se había sentido desconcertado ante el incesante cruce de conversaciones en italiano.

Tras almorzar en el hotel, nos retiramos a descansar un rato antes de la entrevista con monseñor Laise y la visita posterior al convento, a las que también ha aludido Chema en el capítulo anterior.

Debo añadir ahora que me encantó regresar allí para ver la celda número 5 del Padre Pío que no había podido visitar por la mañana. Nada más entrar, respiré los crueles e incesantes ataques diabólicos sufridos por el capuchino en aquella reducida atmósfera. A la derecha de la celda estaba su cama, con un crucifijo en la cabecera y, en la mesita de noche, varias botellitas de agua procedente de los santuarios de Lourdes y Fátima.

A la izquierda del único ventanuco, pues toda cárcel tenía siempre una ventana, estaban sus prendas con restos de sangre. Chema y yo estuvimos rezando allí todo el tiempo que pudimos, durante el cual palpamos el gran sufrimiento del Padre Pío, víctima de los continuos embates del demonio.

Más tarde, él y yo reparamos con asombro en que durante nuestra estancia en San Giovanni Rotondo no habíamos mirado ni una sola vez al Hospital Alivio del Sufrimiento, y eso que su fachada podía contemplarse desde el mismo convento. Comprendimos entonces por qué el Padre Pío aseguraba haber visto a un montón de demonios asomados a sus ventanas.

Desde la celda, nos condujeron hasta la capillita donde el Padre Pío celebraba la Misa a solas con Jesús, cuando le impidieron hacerlo en presencia de los fieles. Sentimos allí, por el contrario, una inmensa paz. Parecida a la que luego experimentamos en la otra celda donde falleció el capuchino. Nada más entrar en ésta, vimos sus sandalias en el interior de una pequeña urna de cristal, junto con dos despertadores, el Rosario y, por supuesto, la silla donde murió, a cuyo lado estaba la bombona de oxígeno que al final resultó inútil.

En esa misma celda, sobre las dos de la madrugada del 23 de septiembre de 1968, irrumpió el entonces superior del convento, el padre Carmelo de San Giovanni in Galdo, hallando alrededor del Padre Pío, agonizante, a los frailes Pellegrino y Guillermo con el doctor Giuseppe Sala, cuñado de la madrina de nuestro hijo Borja.

Aquella misma tarde, reviví la trágica escena sin dejar de mirar la silla vacía convertida en el modesto lecho de muerte de mi «Piucho» del alma. Lo hice sin poder retener mis lágrimas, como si mi propio padre hubiese fallecido en ese mismo lugar. Nunca pensé que la imaginación llegase a ser tan real, provocándome un dolor interior agudo.

De madrugada, nada más entrar en la misma celda donde Chema y yo nos encontrábamos aquella tarde, el superior del convento advirtió que el Padre Pío tenía los ojos cerrados, la cabeza ligeramente inclinada hacia adelante y la respiración jadeante que le obligaba a hinchar el pecho, provocándole un leve estertor en la garganta. Asió su mano derecha, comprobando que estaba fría. Le llamó varias veces: «¡Padre!, ¡Padre!». Pero él no respondió.

Las inyecciones y los habituales remedios, que en otras ocasiones le habían aliviado tanto, se mostraban ahora incapaces de controlar la violencia del asma bronquial.

Fray Paolo Covino empezó a administrar al moribundo el Sacramento de la Unción de Enfermos, mientras el superior, el padre Rafael de Sant'Elia a Pianisi, último confesor del Padre Pío, y el padre Mariano de Santa Cruz de Magliano respondían a las oraciones de rodillas.

La bombona de oxígeno dejó de funcionar. El Padre Pío estaba sereno y no respiraba ya. Había inclinado con placidez la cabeza sobre el pecho. El doctor Sala dejó de tomarle el pulso y se lamentó: «¡Se ha ido!». Eran las dos y media de la madrugada del lunes.

Previamente, el Padre Pío había avisado a fray Pellegrino de Sant'Elia a través del aparato de intercomunicación del convento para que acudiese a su celda. Una vez allí, éste le encontró en la cama, recostado sobre el lado derecho.

El Padre Pío le preguntó sólo por la hora que marcaban los despertadores de su mesilla. Tras decírsela y secarle alguna pequeña lágrima en sus ojos enrojecidos, regresó a su celda número 4, dejando conectado el intercomunicador por si acaso.

Y efectivamente, el Padre Pío volvió a llamarle cinco o seis veces más hasta la medianoche. Como un niño miedoso, le rogó: «Quédate conmigo, hijo mío...». Y empezó a preguntarle con insistencia por la hora que era, mirándole con ojos suplicantes mientras le apretaba las manos con fuerza.

Luego, olvidándose ya de la hora, le interrogó en dialecto:

—*Uaglió! A ditt'a mess?* [Oye, ¿has dicho la Misa?].
—Pero Padre, si aún es muy temprano para hacerlo —replicó él, sonriente.
—¡Bah! Esta mañana la celebrarás por mí.

Tras confesarse con él, le dijo:
—Hijo mío, si el Señor me llama hoy, pide perdón en mi nombre a los hermanos por todas las molestias que les he causado; y pídeles también una oración por mi alma.

A lo que fray Pellegrino añadió con su mejor deseo:
—Padre, estoy seguro de que el Señor le hará vivir todavía mucho tiempo. Pero si tuviese usted razón, ¿puedo rogarle una última bendición para los hermanos, sus hijos espirituales y los enfermos?
—¡Claro que los bendigo a todos! Y más aún: pídale al superior que imparta esa bendición en mi nombre.

Por último, el Padre Pío le hizo renovar el acto de la profesión religiosa.

Era la una de la madrugada cuando le formuló otro deseo:
—Escúchame, hijo mío, yo aquí en la cama no respiro bien. Déjame levantarme. En la silla respiraré mejor.

Fray Pellegrino contempló asombrado, instantes después, cómo el Padre Pío caminaba erguido como un joven, sin necesidad de sostenerle, hasta la puerta misma de su celda, desde donde le indicó: «Vamos un momento a la terraza».

Fueron allí juntos. El Padre Pío encendió la luz y tomó asiento en su silla de mimbre, mirando a su alrededor en silencio. Al cabo de cinco minutos, quiso regresar a la celda. Al verle de nuevo allí, fray Pellegrino advirtió que empezaba a palidecer. Gotas de sudor frío resbalaban por su frente. Asustado, comprobó que sus labios se ponían también lívidos y que con voz cada vez más débil repetía sin cesar: «¡Jesús, María, José!».

Decidido a pedir auxilio a un hermano, el Padre Pío le contuvo:

—No despiertes a nadie. Déjalos descansar.

—¡Pero Padre! —añadió él, suplicante—. ¡Ahora soy yo quien dispone las cosas...!

Fue así como finalmente irrumpió en la celda el superior Carmelo de San Giovanni in Galdo. La misma celda donde Chema y yo lloramos una vez más juntos aquel atardecer.

23

NOCHE OSCURA

Tarento es una ciudad industrial situada en la zona costera de Apulia, a orillas del Mediterráneo; para ser exactos, en el istmo de la península salentina, que da nombre al golfo de Tarento.

Su origen se remonta nada menos que al año 706 antes de Cristo, cuando se denominaba Taras. Hoy viven en aquel gran puerto comercial, convertido en el principal centro siderúrgico de Europa, alrededor de doscientas mil personas.

Uno de esos habitantes es un sacerdote singular, hijo espiritual del Padre Pío, a quien éste curó tras la Segunda Guerra Mundial cuando estaba desahuciado por los médicos a causa de una tuberculosis terminal. Su nombre: monseñor Pierino Galeone.

Galeone fundó, en 1957, el Instituto Secular Siervos del Sufrimiento por expreso deseo del Padre Pío, dedicado a extender por el mundo el gran valor de la penitencia corporal y espiritual en beneficio de las almas. Personas abnegadas que ofrecen con generosidad diariamente sus sacrificios, grandes y pequeños, por la conversión y los pecados de los demás.

Los Siervos del Sufrimiento están presentes hoy también en Alemania, Suiza, Austria, Polonia, Hungría, República Checa, Eslovaquia, Liechtenstein, Camerún, Benín y Togo. Una encomiable labor de apostolado que llevaba individualmente a cada miembro a prorrumpir, con el Padre Pío: «¡Estoy crucificado de amor!».

La primera vez que le vi, don Pierino contaba 83 años, pues había nacido el 21 de enero de 1927 en San Giorgio Jónico, provincia de Tarento.

Recibió la ordenación sacerdotal el 2 de julio de 1950, en la Iglesia María Inmaculada de su localidad natal. Invitó al Padre Pío a la ceremonia. Cuando el inminente sacerdote yacía postrado en el suelo, poco antes de que el obispo pronunciase la oración de consagración, pudo sentir una intensa oleada del perfume floral del Padre Pío, en señal de su presencia espiritual.

Hasta el mismo día de la muerte del estigmatizado, y durante veintiún años consecutivos, Galeone pasó largas temporadas junto a él, sobre todo en verano, pese a no ser capuchino.

El 20 de septiembre de 1968, al conmemorarse los cincuenta años de los estigmas del Padre Pío, don Pierino participó en su Misa, al término de la cual se despidió de él, añorándole ya:

—Padre, este año me gustaría venir más tiempo para estar con usted —manifestó.

—Tú no, pero yo iré... —respondió el capuchino con voz apagada.

Y sin querer dejarle marchar aún, agregó:

—¿Seguro que debes partir?

—Padre, pasado mañana es domingo y debo celebrar Misa en la parroquia —alegó.

—¿No puede sustituirte alguien?

—Imposible, padre.

—¿También ellas se van? —dijo él, señalando con la mirada a varias hijas espirituales de don Pierino.

—Si me voy yo, se van ellas también.

Aquella fue la última vez que le vio con vida, pues al cabo de tres días falleció. Pero conservó siempre el consuelo de haberle besado las manos, los pies y el costado donde mantuvo impresas las cinco llagas durante cincuenta años consecutivos, por las cuales perdía alrededor de cincuenta gramos de sangre al día.

La mañana del 15 de mayo, sábado, sobre las nueve y media, nos pusimos rumbo a Tarento, que distaba casi doscientos kilómetros de San Giovanni Rotondo.

Partimos en dos coches, como era habitual desde que recogimos a Nacho y Claudina en Roma, con intención de llegar a tiempo a la entrevista concertada con don Pierino Galeone, a las doce del mediodía.

Paloma y yo seguíamos estando muy incómodos y dolidos por el clima enrarecido que se había creado tras la actitud incomprensiva de Claudina. No entendíamos por qué razón no podíamos viajar juntos en el mismo coche, aunque fuese una sola vez, durante los cinco días que permanecimos en Italia.

Recuerdo las palabras de Claudina, tajantes e impositivas, la primera vez que debimos repartirnos en dos vehículos: «Yo no viajo separada de mi marido».

Llegamos a Tarento poco antes de las doce del mediodía. Don Pierino nos aguardaba ya en el gran vestíbulo de su residencia. Era un sacerdote de estatura normal, alrededor del metro setenta, vestido con sotana larga. Tenía el cabello blanco y los ojos claros, que miraban escrutadores sin que ningún obstáculo pareciese interponerse en su introspección.

Nada más verle, me aproximé por indicación suya a una estatua de hierro del Padre Pío de tamaño natural, situada al fondo de la entrada. Don Pierino acababa de explicarme que debía cogerle por los hombros y poner en contacto mi frente con la suya para mirarle a través de sus ojos. Obedecí, sintiéndome observado directamente por el Padre Pío. Fue una sensación muy especial.

Pedí entonces al Padre Pío, en completo silencio, que me ayudase a llevar a feliz término su encargo con la máxima humildad posible, sin sentirme protagonista en ningún momento, víctima de la vanidad del periodista. Sabía muy bien que «vano» quería decir vacío; y la vanidad era tan ruin, que para afrentarla bastaba con llamarla por su propio nombre.

Desde mi conversión, había suplicado a Jesús Sacramentado que me ayudase a ser humilde porque, como decía Santa Teresa, «la humildad es la verdad». Y yo deseaba de veras purificar mi pasado de falsas apariencias.

Repetía así, para mis adentros, lo que comentaba el Padre Pío haciéndose eco de esa otra gran santa abulense: «La humildad es la verdad, y la verdad es que yo no soy nada, que todo lo que de bueno hay en mí es de Dios».

Y el don de la escritura que yo había recibido del Señor debía ponerlo a su entera disposición para que sólo Él se luciese, como me había indicado mi director espiritual. Debía huir así de los elogios, aunque intentase merecerlos.

Jesús mismo pronunció, en este sentido, las palabras reproducidas al comienzo de estas páginas:

«Pues igual vosotros, cuando hayáis hecho todo lo que se os ha mandado, decid: *Somos unos siervos inútiles; no hemos hecho más que lo que teníamos que hacer*» (Lucas 17, 10).

Humildad que, en mi caso, debía ir acompañada de una entrega mayor al Señor en la Cruz. Sabía que Él me pedía más, pero yo a veces miraba hacia otro lado por miedo, que en el fondo era puro egoísmo para no complicarme la vida demasiado.

Desde que me fundí con Él en la Cruz, durante la misa por el eterno descanso del padre de Nacho, empecé a sentir ya la necesidad de ayudarle a llevar el pesado madero hasta lo alto del Gólgota con todos los sufrimientos que Él me enviase, igual que un cireneo. Pero, como digo, seguía siendo un miedica.

Poco después, el anfitrión nos invitó a pasar a una gran sala donde iba a tener lugar la entrevista. Él y yo nos sentamos enfrente uno del otro, a un metro escaso de distancia, separados por una especie de mostrador de madera del que se servía en otras ocasiones el orador para dirigirse a la audiencia durante los actos que allí se celebraban.

Además de Paloma, Nacho, Claudina, Fernando, fray Nazario, Silvia y los niños, nos acompañaba un grupo de personas, a una de las cuales conocía yo también personalmente.

No voy a transcribir ahora la entrevista, porque ya lo hice en mi libro *Padre Pío*, sino a descubrir la intrahistoria de la misma.

Pero antes situaré un poco mejor al personaje. Como dije al principio de este mismo capítulo, don Pierino Galeone había sido curado por intercesión del Padre Pío hallándose al borde de la muerte. En febrero de 1945, enfermó de tuberculosis. Vivía entonces en el Seminario Regional de Molfetta, en la provincia de Bari, hasta que un día decidió abandonarlo a escondidas para no contagiar a ninguno de sus compañeros.

Durante dos años, se sometió a un tratamiento que no dio resultado. Hasta que en julio de 1947, su madre le dejó acompañarle junto con el juez de la ciudad a San Giovanni Rotondo para pedirle al Padre Pío la gracia de su curación.

Apenas verle, como recordaba el propio Galeone, tuvo la impresión de reconocer al mismo Jesús en un hombre. En días sucesivos, aprovechó para rezar con él en el Coro y conversar luego los dos juntos, apaciblemente, en el jardín o en la terraza.

Sintió, desde el principio, como si el Padre Pío le conociese de toda la vida. De hecho, el capuchino le preguntaba con insistencia, cada vez que él pasaba a su lado:

—¿Cómo te llamas?
—Pierino —respondía el entonces veinteañero.
—Pero, ¿de dónde eres?
—De Tarento.

Y el Padre Pío, alegre y guasón, asentía:

—¡Ah! ¿Tú eres Pierino de Tarento?... Ya entiendo. ¿Y de qué provincia?
—De San Giorgio.
—¿Pero de qué San Giorgio?
—De San Giorgio Jónico.
—Entiendo: tú eres Pierino de San Giorgio Jónico, provincia de Tarento.

El Padre Pío era un bromista empedernido. Como el día en que, debido a una disposición del Ministerio de Sanidad, se presentó en el convento un médico para vacunar a todos los frailes contra el cólera. Era una fría noche de noviembre, terminada ya la Primera Guerra Mundial. Al Padre Pío se le ocurrió entonces una de sus muchas travesuras:

—Muchacho —dijo al futuro fraile Modestino—, dentro de poco vendrá el padre Bernardo. Como es tan miedoso, gastémosle una broma haciéndole creer que la vacuna es muy dolorosa, y así nos reiremos un poco.

Todos, incluido Grazio María Forgione, padre del estigmatizado, estuvieron de acuerdo.

Al percatarse de que el padre Bernardo se acercaba, el Padre Pío fingió que hablaba con el médico al otro lado de la puerta:

—Doctor, ¿es verdad que esta vacuna es muy dolorosa? —preguntó.
—¡Oh, sí, padre mío, estas vacunas son muy dolorosas porque sirven para combatir el cólera! —contestó otro fraile, haciéndose pasar por el médico.

El padre Bernardo, aterrorizado al escuchar aquéllo, dijo con voz trémula al Padre Pío:
—Piucho, yo no me vacuno. Es dolorosa y tengo miedo.
Reprimiendo una carcajada, el Padre Pío sentenció:
—¡Muera Sansón con todos los filisteos! Me he vacunado yo y se debe vacunar aquí todo el mundo. Así que ánimo y comencemos con mi papá.
Pero al ver a Modestino más cerca de él, le dijo:
—Mejor comenzar por este corderillo.
Mientras vacunaban a Modestino, el Padre Pío le daba con el codo en el costado para que gritase más fuerte. Pero, aparte de fingir, el joven chillaba también con todas sus fuerzas por el dolor de los codazos recibidos.
Entonces, el Padre Pío invitó al padre Bernardo a prepararse para recibir también la vacuna.
—Piucho —suplicó éste—, yo tengo miedo, soy viejo, he estado en la guerra. No soy capaz de poner el brazo.
—He dicho —repitió él, severo— que aquí muere Sansón con todos los filisteos. Me he vacunado yo y se debe vacunar todo el mundo.
El pobre padre Bernardo, alzando los ojos al Cielo, se acercó al médico y recibió el pinchazo, resignado. Luego, lloriqueando, le dijo al Padre Pío:

—Piucho, yo no he sentido nada.

—Naturalmente —respondió el Padre Pío—. La vacuna ha visto que tú tenías miedo y a su vez ha tenido miedo de hacerte daño.

Volviendo a don Pierino, pese a su mermada salud se levantaba entonces a las cuatro de la madrugada para ayudar al Padre Pío en la Santa Misa. En el momento de la Comunión, le sostenía la patena para que no cayese al suelo ni una sola partícula del Sagrado Cuerpo de Cristo.

Aquel mismo año, permaneció en San Giovanni Rotondo otro periodo de veinte días. Al verle siempre cerca del Padre Pío, los visitantes le enviaban con recados para el capuchino: querían saber desde el destino de algunos militares desaparecidos en Rusia y pedir por la curación de un ser querido, hasta la solución de rencillas familiares o el nacimiento de hijos en matrimonios con serios problemas de fertilidad.

El Padre Pío siempre le respondía con dulzura y amor. Uno de esos días, le dijo: «Cuando necesites algo, envíame a tu ángel de la guarda y yo te responderé».

Dicho y hecho. Cierta mañana, irrumpió en la sacristía una madre inundada en lágrimas suplicando ver al Padre Pío para que ayudase a su hijo descarriado. Pero la mujer llegó tarde, cuando el capuchino estaba ya en el altar para celebrar la Santa Misa. Conmovido por su llanto, Galeone recordó la indicación del Padre Pío e invocó a su ángel custodio durante la Eucaristía para que le diese aquel mensaje urgente.

Terminada la Misa, después de besar su mano estigmatizada, el joven Pierino aprovechó para recomendarle al hijo de aquella señora.

Y entonces, el Padre Pío le replicó:

—Pero hijo mío, si ya me lo has dicho durante la Misa.

Comprobó así que su ángel de la guarda nada tenía que envidiar a la mejor agencia de mensajería del mundo.

Sólo al final, Pierino le reveló el verdadero motivo de su viaje a San Giovanni Rotondo: la curación de su tuberculosis, que le hacía toser sangre todos los días. Entonces, inesperadamente, el Padre Pío le pasó las yemas de los dedos por el pecho. El enfermo pensó que estaba acariciándole. Pero el capuchino le dijo: «¡Podrás morirte de lo que sea, menos de aquí!». Y así fue: quedó curado al instante.

Aquel mismo hombre sanado por el Padre Pío estuvo durante poco más de una hora relatándome, cara a cara, un sinfín de anécdotas. Desde el principio, me sentí observado por su mirada penetrante a la que yo correspondía todo el tiempo. La misma impresión que tuvo él la primera vez que vio al santo de los estigmas, la sentí yo entonces mientras le escuchaba atentamente: presentí como si me conociera de toda la vida.

La víspera del viaje a Tarento, una persona que tenía trato con él me avisó de que Galeone era un sacerdote muy especial.

—¿Qué quiere decir con eso? —repuse yo.
—Pues eso, especial —sonrió, enigmática.
—¿Y qué tiene de especial, aparte de ser hijo espiritual del Padre Pío?
—Humm... Comparte algunos de sus mismos dones.
—No me diga que también él se pasea por el mundo, como si tal cosa —añadí con ironía.
—No exactamente.
—¿Entonces...?
—Lee las conciencias.
—O sea, que es capaz de decirte hasta el número de domingos que faltaste a Misa desde que hiciste la Primera Comunión.
—Por ejemplo.
—¿Y algo más?
—Dicen que también tiene el don de profecía.
—¿De veras...?
—Conozco algún caso.
—¿Puede relatarme alguno?
—Lo siento, pero cometería una indiscreción.

Admito que aquella conversación tan reveladora me condicionó en parte esa mañana, mientras le entrevistaba. ¿Pero es que acaso alguien, de haber estado en mi misma piel, hubiese permanecido indiferente ante un hombre dotado de semejantes carismas?

Recordé, entonces, el caso del fotógrafo Federico Abresch y de tantos otros «peces gordos» a los que el Padre Pío había desarmado con su don de introspección de conciencias, que le permitía introducirse en el santuario mismo del alma para hacer más provechoso al prójimo el sacramento de la Penitencia.

Y de forma similar a como sucedió con ellos, cuando terminamos la entrevista don Pierino Galeone me dijo convencido:

—José María, confiésate.

Imagine el lector lo que pude llegar a experimentar entonces. Sobre todo, habiéndome confesado la víspera con otro monseñor. Sentí como si el rascacielos más alto del mundo, el *Burj Khalifa*, con sus 830 metros de altura, se desplomase entero sobre mis hombros.

Sin apartar su mirada de la mía, él insistió:

—José María, confiésate.

Tuve un pensamiento fugaz: «¡Señor mío y Dios mío, si en algo más te he ofendido que no sepa, aquí me tienes para pedirte perdón!».

Y accedí por esa única razón.

Una tercera persona, cuyo nombre ni condición jamás revelaré por deber de discreción, hizo las veces de traductor.

Empezó entonces mi crucifixión, mientras Galeone, extendiendo las palmas de sus manos hacía mí, me exhortaba:

—¡Dame tus pecados! ¡Dámelos...!

Me preguntó si prefería decírselos yo o si, por el contrario, empezaba él a enumerarlos uno por uno. Le pedí que lo hiciese él, y así procedió con la confesión.

Conforme iba recordándome pecados que yo había olvidado, incluidos algunos cometidos durante mi más tierna infancia, desde que con seis años hice la Primera Comunión, sentía como si me abriese el alma con un hacha sin la menor compasión.

El dolor no se asemejaba, ni de lejos, al experimentado el día de mi conversión. Era, repito, como si un gladiador romano, sin pretender comparar en absoluto a un hombre de Dios como Galeone con un pagano semejante, descargase con toda su furia su *flagelum* contra mi alma, hasta desgarrarla por completo. Creí morirme de vergüenza y de dolor.

Con razón, a mi regreso en Madrid, tras comentarle lo sucedido a un sacerdote y a una monja de clausura, ambas almas elevadas, coincidieron en que aquella confesión había sido una prueba heroica de humildad y de sufrimiento.

El calvario que yo pasé entonces sólo lo saben Jesús y el Padre Pío. El que no llevaba su cruz no merecía corona.

Salí de aquella sala como si flotase en el aire. Paloma jamás me había visto así, como tampoco Nacho ni Fernando, según reconocieron más tarde. No pude verles a ellos, ni hacer el menor caso de sus llamadas. Estaba ciego y sordo. Simplemente me dejé arrastrar cabizbajo hacia adelante, como un alma en pena, por un largo pasillo situado a mi izquierda. Cuando quise darme cuenta, tropecé con un obstáculo contundente que me impidió seguir adelante. Alcé la mirada y comprobé que era una estatua de Jesús, de tamaño natural como la del Padre Pío, que me señalaba con el índice su Sagrado Corazón herido como el mío en aquel preciso instante.

Permanecí impertérrito contemplándole, mientras Él me miraba desde la eternidad con ojos serios y tristes, excelsos y benignos, y yo clamaba por dentro: «¡Señor mío y Dios mío, si Tú quieres verme sufrir así, bendito seas!». Supe entonces que hacía falta más valor para sufrir que para morir.

Al despedirnos, fui el único a quien Galeone abrazó e invitó a besarle en la mejilla. Previamente, me había dicho durante la confesión, de modo premonitorio: «Tu historia será muy bella».

Aquella noche la pasé entera en el Purgatorio... o en el Infierno, lo mismo daba. Las llamaradas de dolor alcanzaron, en cualquier caso, las simas de mi alma.

¿Por qué, en lugar de paz y alegría, como había experimentado en todas y cada una de mis confesiones anteriores desde el 6 de agosto, la que hice con don Pierino Galeone me provocó tamaña desolación?

Sentía el peso abrumador de mis pecados y un profundo arrepentimiento cuando abandoné la sala, pero poco a poco un impulso irrefrenable intentó adueñarse de mi voluntad para alejarme de Dios. Era el demonio.

Como decía el Padre Pío, la paz era la sencillez del espíritu, la serenidad de la conciencia, la tranquilidad del alma.

La paz era el orden, la armonía interna, una alegría constante que surgía de la buena conciencia, la santa alegría de un corazón en el que reinaba Dios. Y el demonio, como advertía también el Padre Pío, conocía muy bien todo esto y volcaba su fuerza sobrenatural en hacerme perder esa paz.

Yo sabía que el alma no debía entristecerse más que por ofender a Dios. Pero desde que recibí la absolución de mis pecados, el demonio se dedicó a intensificar mis reproches y remordimientos con el propósito de alterar mi paz en Dios.

Debí lamentar mis fallos con un dolor paciente, confiando siempre en la Misericordia divina. Pero no lo hice.

Esos mismos reproches y remordimientos sembraban en mí la confusión, volviéndome temeroso, desconfiado, perezoso y lento en hacer el bien. Bloqueando, en definitiva, mi espíritu.

Es muy difícil explicar el estado de un alma. Y en mi caso, lo que en ella bullía aquella noche oscura en la que apenas pude conciliar el sueño ni hablar con Paloma o con nuestros hijos. Pero aun así, voy a tratar de acceder con palabras a las zonas abisales de mi angustia y desconsuelo.

Había pedido perdón al Señor de corazón, con verdadero propósito de enmienda, en dos confesiones consecutivas celebradas los días 14 y 15 de mayo, como ya sabe el lector. Cada cual, como la cara y cruz de una misma moneda.

Pero cuando salí de la segunda con Galeone, me sentí obnubilado: ¿Por qué el Señor permitía que sufriese de modo tan inmisericorde, como si acabasen de arrancarme las entrañas con una afilada catana? ¿Por qué consintió que una tercera persona, a la que yo conocía, escuchase todos y cada uno de mis graves pecados mientras los traducía del italiano? ¿Por qué necesitaba estar solo a toda costa, incapacitado para entablar una conversación, por simple y breve que ésta fuese? ¿Por qué sostenía una lucha titánica con una voz interior que trataba una y otra vez de quitarme la paz e inducirme a la desesperación, haciéndome ver que el Señor no me amaba? ¿Por qué esa machacona insistencia de la misma voz en que yo era un miserable pecador y un fracasado en quien el Señor había perdido toda la confianza? ¿Por qué...? ¿Por qué...? ¿Por qué...?

Entre semejante tortura interior, que me mantenía en estado catártico, percibía otra voz muy distinta que me sugería justo lo contrario para que levantase el ánimo, dejando abierto al menos un resquicio a la esperanza.

Escuchaba así: «El Señor te ama con locura y confía en ti para que le glorifiques, pese a todas tus miserias».

¡Señor mío y Dios mío, sólo Tú conoces mi sufrimiento de aquella noche, aunque no fuese más que una caricia comparado con el Tuyo en la Cruz!

Pensé también en el tormento del Padre Pío durante casi toda su vida, desde que con sólo cinco años sufrió ya las acometidas del maligno. Y más tarde, en San Giovanni Rotondo, donde me hallaba yo entonces, a través de sus hermanos religiosos y de la propia jerarquía eclesiástica entre las que el perverso diablo sembró la envidia y la calumnia sobre su aureola de santidad.

Pero el Señor permitió todas esas crueles persecuciones para purificación suya y la de los millares de almas a las que el capuchino crucificado de amor salvaría del Purgatorio y del fuego eterno por su abnegada intercesión.

Entonces comprendí que mi sufrimiento, aunque fuese incomparable con el suyo, adquiriría también un sentido purificador para mi alma ante los dos grandes retos que tenía por delante: mi matrimonio con Paloma, a nuestro regreso en Madrid, y el libro-instrumento del Padre Pío que debía conducir al mayor número posible de almas hacia el Señor.

Él me dio a beber aquella noche una sola gota de su Cáliz para que valorase el sentido del sufrimiento y lo amase, aferrándome a la Cruz. Pero yo entonces clamaba en arameo, lo mismo que Él en el Gólgota: «*Eloí, Eloí, ¿lemá sabacthaní?*, que significa «Dios mío, Dios mío, ¿por qué me has desamparado?».

Recuerdo una de las escenas que más me impactaron, suscitando mi reflexión, de la película *Padre Pío*, a la que ya he aludido antes: aquella en la que el santo de los estigmas, arrodillado ante el lecho de muerte de Rafaelina Cerase, su primera hija espiritual, imploraba al Señor que la resucitase cuando ella acababa ya de partir a la Casa del Padre, víctima de un cáncer.

Intentando imitar en vano a Jesucristo en la resurrección de su amigo

Lázaro, el Padre Pío cayó enseguida en la cuenta de que había desafiado a la voluntad de Dios y combatió con más fuerza su orgullo desde entonces. Corría el 25 de marzo de 1916. Faltaban sólo cuatro meses para su traslado definitivo desde el convento de Santa Ana, en Foggia, al de San Giovanni Rotondo.

Aquella noche, el demonio intentó cebarse de nuevo con él. Estando en su celda del convento de Santa Ana, se le apareció vestido de sacerdote para tentarle con la desesperanza, tildándole de «fracasado», lo mismo que a Jesús, por no haber podido resucitar a Rafaelina Cerase.

El mismo o parecido desaliento experimenté yo aquella otra noche en mi habitación de la Casa Alivio del Sufrimiento. Había sido incapaz casi de probar bocado durante el almuerzo, ni tampoco quise cenar. Me retiré así muy pronto al dormitorio para estar a solas con mi sufrimiento. Necesitaba hacer silencio a mi alrededor para oír llorar mi alma, mientras sentía una fuerte opresión en el pecho, como si me ahogase. Llegó un momento en el que no pude aguantar más encerrado entre aquellas cuatro paredes y salí al exterior en busca de oxígeno.

No sabía qué rumbo tomar. Igual que por la mañana, tras confesar con Galeone. Caminé como un autómata, en dirección al convento del Padre Pío. Subí por la calle empinada y no sé cómo me encontré poco después en sus jardines. Era ya de noche. La luz de las farolas y los tenues rayos de la Luna me servían de guía. Paseaba en silencio, cabizbajo, como si recorriese el mismo pasillo de la residencia de Galeone. Y cuando quise darme cuenta, reparé en la existencia de otro obstáculo en una especie de rotonda que me impidió seguir avanzando en línea recta. Miré hacia arriba y vi... ¡al Padre Pío! Era una estatua suya de piedra, de tamaño natural.

—¡Padre Pío, ayúdame! —le supliqué en voz alta, sabiendo que nadie más podía escucharme a esa hora.

Y acto seguido, rompí a llorar como un niño desconsolado en presencia de su padre.

—¡Padre Pío, te amo! ¡Padre Pío del alma, sálvame! —le imploré de nuevo, entre lágrimas de impotencia.

Me acerqué más a él, para tocarle. Noté enseguida cierto alivio, en medio de un gran sufrimiento. Fue como si él me dijese: «Pero hijo mío, ¿me pides paz a mí, que no la he tenido ni un solo instante de mi vida?».

Debí permanecer alrededor de una hora entera en aquella placita, contemplándole de pie en la penumbra, como si sólo a su lado hallara consuelo.

Al regresar a la habitación, el demonio siguió tentándome de mil maneras diferentes. Oí repiquetear las campanas del convento y supe que eran las tres de la madrugada: la llamada «hora antinona» de Satanás, contrapuesta a la «hora nona» de las tres de la tarde, a la que murió Jesús.

El diablo redobló entonces sus esfuerzos para apartarme del Señor: «¿No ves que tu Maestro no te quiere? ¡Eres un alumno fracasado! ¡Un auténtico miserable sin remedio! ¿Para qué te sirve estar cerca de Él? ¿No ves cómo estás? ¿Acaso no sabes que Él te ha abandonado? ¿Por qué no te decides a ser feliz de una vez? ¡Cambia de vida! Paloma ya no te quiere, ni te conviene. Hay otras muchas mujeres que desearían estar contigo. No sufras más. ¿Crees que así eres más feliz? ¡No seas ingenuo!...».

Recé las tres Avemarías de rodillas, como hacía siempre, y me quedé dormido alrededor de las cinco.

Tres horas después, me desperté ya más tranquilo. Me dolía cada hueso del cuerpo, cierto, como si me hubiesen apaleado, y caminaba como si llevase bolas de plomo en los zapatos, pero el sufrimiento que tanto había desgarrado mi alma remitió ya gracias a Dios. Supe luego que Paloma y Fernando habían rezado por mí durante casi toda la noche.

Tuve la sensación, como dije al principio, de haber pasado una noche entera en el Purgatorio; o de haber permanecido solo, como Jesús, en el Huerto de los Olivos.

En cuanto vi a Paloma, me abracé a ella con toda el alma. No he querido ni querré jamás en esta tierra a una mujer tan maravillosa. Di gracias al Señor por enésima vez y maldije al demonio por intentar separarme de ella con su voz meliflua. ¡Cuántas cosas buenas nos tenía reservadas el Señor para el día en que pudiésemos estar juntos por fin como legítimos esposos...!

A las nueve en punto del domingo, 16 de mayo, el autobús nos aguardaba ya a la entrada del hotel para conducirnos a Monte Sant'Angelo, uno de los contados lugares del mundo donde se apareció el arcángel San Miguel, situado a unos veinte kilómetros de San Giovanni Rotondo.

La historia de esas apariciones se halla muy arraigada en la tradición cristiana y se remonta al año 490, cuando un vecino de Siponto, antigua ciudad distante tan sólo dos kilómetros de Manfredonia, en la costa adriática, perdió a uno de los mejores ejemplares de su ganado bravo.

Tras una intensa búsqueda, descubrió por fin al toro tumbado plácidamente a la entrada de una cueva. Disparó una flecha contra el morlaco para espantarlo y que regresase a su lado, pero la saeta se volvió inexplicablemente hacia él, como un bumerán australiano.

Asombrado ante tan insólito hecho, el ganadero se lo relató poco después al obispo, el cual dispuso tres días de ayuno y plegarias. Más tarde, acudió él también a la cueva para rezar. Estando recogido en oración, se le apareció un espíritu que dijo ser el arcángel San Miguel, «el que asiste permanentemente en la presencia de Dios». Y pidió al obispo que se edificase en aquella misma cueva una iglesia en su honor.

El prelado dudó, mientras el pueblo se veía amenazado por la invasión de los bárbaros. San Miguel volvió a aparecerse al purpurado, prometiéndole conjurar el peligro, como así fue, si accedía a su deseo. Aun así, el obispo vaciló de nuevo y decidió finalmente consultar al Papa, quien decretó lo mismo que él: tres días de ayuno y oración ante la cueva.

Por tercera vez, San Miguel se apareció al prelado manifestándole que no era necesario ya consagrar la cueva, pues había quedado bendecida por la presencia angélica. Y en efecto, al penetrar en ella comprobó estupefacto la existencia, al fondo, de un altar revestido con un mantel rojo y una cruz de cristal sobre el mismo.

A la entrada vio impresa la huella milagrosa de un pie que atestiguaba la visita del arcángel.

Inaugurado finalmente, el Santuario de San Miguel Arcángel sirvió para extender la devoción al príncipe de las milicias celestiales por otros muchos lugares de la cristiandad. En Roma, sin ir más lejos, un siglo después de las apariciones en el Gárgano, el Papa San Gregorio I atajó la peste invocando a San Miguel, a quien había visto en lo alto del mausoleo de Adriano blandiendo su espada.

En la Edad Media, el lugar se convirtió en el célebre e inexpugnable Castel Sant'Angelo.

El monte Gárgano fue escenario aún de otra aparición más del arcángel para detener una terrible plaga desatada en 1656.

Grandes santos habían visitado ya ese mismo lugar hacia el que nos dirigíamos Paloma y yo aquella mañana, con las manos entrelazadas, a bordo del autobús; entre ellos, San Francisco, San Agustín, San Antonio de Padua y, por supuesto, el Padre Pío, quien enviaba allí a las personas afectadas por el demonio para su liberación.

Entre los visitantes más recientes, figuraba el Papa Juan Pablo II, que estuvo allí el 24 de mayo de 1987 rezando la oración al arcángel San Miguel compuesta por otro pontífice como León XIII, para proclamar a continuación:

«He venido a venerar e invocar la protección del Arcángel San Miguel y pedirle que defienda a la Santa Madre Iglesia... La lucha constante contra el demonio, que intenta sacar partido de cada situación, y que caracteriza la figura del Arcángel Miguel, es actual también hoy, porque el demonio está todavía vivo y operante en la tierra».

Paloma y yo suscribíamos esas mismas palabras del pontífice, por la sencilla razón de que nos habíamos convertido en víctimas del demonio, que no podía soportar la sola idea de vernos felizmente casados muy pronto a los ojos de Dios. Por si fuera poco, ella y yo propalábamos la devoción a uno de sus enemigos más acérrimos, como sin duda era el Padre Pío. Habíamos despertado así, con todas sus consecuencias, a un gran león dormido.

Nada más bajar del autocar, respiramos los dos otro aire muy distinto desde lo alto de Monte Sant'Angelo, a casi ochocientos metros sobre el nivel del mar. Pese a la mayor altitud que en San Giovanni Rotondo, sentíamos ensancharse ahora nuestros pulmones. Era un lugar maravilloso, que había pertenecido al Reino de Nápoles en el siglo XVII, hasta la unificación de Italia en el XIX.

Poco después, descendimos a la gruta para venerar y pedir protección al Arcángel San Miguel, como había hecho Juan Pablo II.

Pero el demonio no se resignaba a darse por vencido con nosotros. Nada más salir de la cueva, nos topamos con un gato negro que clavó sus pupilas amarillas en las nuestras desde un pequeño promontorio a unos diez metros de distancia, el cual le permitía vigilarnos casi a vista de pájaro. Un escalofrío nos recorrió el cuerpo entero. Empezamos a rezar juntos al Padre Pío, pero el gato permaneció allí impasible, sin dejar de observarnos. Hasta que extraje mi crucifijo del bolsillo y se lo mostré, gritando: «¡Viva Jesús!». Sólo entonces desapareció de repente, como si nunca hubiese estado allí.

Antes de marcharnos de Monte Sant'Angelo para asistir a la Misa dominical en la Abadía de Pulsano, a ocho kilómetros de donde estábamos, fuimos a comprar algunos Rosarios a una tienda de artículos religiosos donde adquirimos también una bella fotografía del Padre Pío enmarcada en madera, sin saber entonces que su destinatario sería un sacerdote de Madrid, a quien habíamos dado ya a conocer al santo de los estigmas.

Nos agradeció tanto el regalo, que lo erigió en imagen itinerante para los miembros de su grupo de oración del Padre Pío, quienes recitaban sus plegarias ante el cuadro mientras permanecía en sus hogares. Hubo favores relevantes, y hasta milagros, gracias a la invocación que sus devotos hicieron al santo ante ese sugestivo retrato, algunos de los cuales incluí luego en mi libro *Padre Pío*.

Pusimos rumbo finalmente, como decía, a la Abadía de Pulsano, construida en el año 591 sobre un antiguo templo dedicado al oráculo pagano de Calcas, el adivino griego de la guerra de Troya.

En 1177 se terminó de levantar la iglesia de la abadía en honor de la Madre de Dios, consagrada por el Papa Alejandro III. Pero aquel lugar santo fue en gran parte destruido por un fuerte terremoto, en 1646.

Conforme nos aproximábamos a Pulsano, empecé a notar que Paloma no se encontraba bien consigo misma. Estaba demasiado seria y callada, cuando ella procuraba siempre poner buena cara y hacer gala de su locuacidad pese a las dificultades.

Pulsano estaba habitada por monjes de rito católico y bizantinos ortodoxos, y contaba con una selecta escuela de pinturas iconográficas. En 1966 robaron el precioso icono de la Madre de Dios; y hasta 1997, por iniciativa del arzobispo Vicenzo D'Addario, no se reabrió la iglesia al culto público.

El monasterio se alzaba ya majestuoso desde la lejanía. Pero a Paloma no le gustó ese lugar en cuanto se apeó del autobús. No sentía allí la menor paz. Llegó a decirme que, si de ella sola dependiese, hubiese subido de nuevo al autocar para largarse lo más rápido posible de la abadía.

Las campanas tocaron a Misa de doce. Pero ella se negó a entrar; sentía un rechazo irresistible:

—Vete tú... —me dijo con desdén, a la misma puerta de la iglesia.

—¡Cómo...! —exclamé yo, aturdido, pues era la primera vez que la veía comportarse así.

—Que yo no voy a Misa, te digo —repitió, desafiante.

Su gesto adusto no era el de ella, ni tampoco su talante desairado.

—Te pido por favor que vengas conmigo —insistí.

—Y yo te digo que no.

—¡Paloma...!

—¡Qué...!

No la conocía; era otra persona. Pero no me di por vencido:

—Recuerda que hoy es domingo.

Sólo entonces pareció recapacitar y aceptó cogerme tímidamente de la mano para entrar juntos en el templo. Estábamos en el umbral de la iglesia, cuando de repente volvimos a ver al gato negro de ojos amarillos de Monte Sant'Angelo... o a su gemelo.

—¡Dios mío, Chema, está aquí otra vez! ¿No lo ves...? —exclamó ella, aterrada.

Vi salir, en efecto, al gato de un banco del interior de la iglesia y enredarse acto seguido en las piernas de Paloma, que a punto estuvo de perder el equilibrio y caerse al suelo.

¿Qué hacía allí aquel felino, que volvió a esfumarse ante nuestra absorta mirada en cuanto esgrimí el crucifijo invocando el nombre de Jesús?

Cumplimos, gracias a Dios, con el precepto dominical. Pero durante la Misa, Paloma no halló un solo instante de paz; tampoco yo me encontraba bien al verla sufrir de esa manera, por culpa del demonio. Algún día, si Dios quiere, contaremos ella y yo nuestra particular odisea con el maligno...

Horas después, volábamos ya de noche hacia Madrid. Estábamos todos extenuados, empezando por los pobres niños, que llevaban encima un enorme trajín. Resultaba ya revelador que Paloma, pese a su innegable aerofobia, permaneciese casi todo el vuelo sin moverse del asiento.

Nuestros corazones se asemejaban entonces a dos potentes motores que anhelasen propulsar el avión, junto con los otros dos que éste llevaba ya bajo las alas, para alcanzar cuanto antes su destino, donde nos aguardaba un mundo nuevo de esperanzas e ilusiones.

En el fondo de mi corazón, sabía ya que Paloma era la única mujer sobre la tierra a la que podía decirle con toda sinceridad: «Te amo no sólo por lo que eres sino por lo que soy cuando estoy contigo».

24

LA LUZ

Aunque parezca mentira, despegar de nuevo en el *Airbus A-320*, rumbo a Madrid, fue para mí una auténtica liberación.

Sentí asfixiarme, como Chema, los dos últimas días que pasamos en San Giovanni Rotondo. Verle a él sumido en aquella especie de catarsis, nada más salir de confesarse con don Pierino Galeone, me hizo sufrir también muchísimo. Jamás le había observado así, con el rostro desencajado, la mirada perdida y tan pálido como un cirio.

Recuerdo que cuando el sacerdote le dijo que se confesara, tras la entrevista, le susurré a Chema al oído: «¡Pero si ya lo hiciste ayer!».

Es obvio que no me escuchó, pues acató la voluntad de don Pierino como si fuese la de su propio padre.

Le vi salir de allí, como digo, transformado en otra persona que se movía por inercia, sin reparar en nada ni en nadie. Cuando acudí para avisarle de que nos íbamos, le contemplé al final del pasillo petrificado ante la estatua del Sagrado Corazón de Jesús.

El abrazo de despedida que se dieron él y don Pierino fue impresionante. Me recordó al del hijo pródigo. Luego, Chema le besó en la mejilla por indicación suya.

Almorzamos, poco después, en un restaurante muy bonito al que nos invitó don Pierino, pese a que él no pudo acompañarnos porque tenía otro compromiso. Chema fue incapaz de comer algo; si acaso, algún *grissini* o bastoncito fino y alargado de pan crujiente. Yo le preguntaba: «¿Qué te pasa?». Y él me contestaba: «Ahora no puedo explicarte nada».

De regreso en San Giovanni, se retiró a su habitación, donde prosiguió su verdadero calvario y el mío. ¡Sólo Dios y el Padre Pío saben lo que yo también sufrí entonces! Le avisé para la Misa y vino como si todo su cuerpo fuese de metal pesado. Durante la celebración, sentí ahogarme igual que él. Tuve que salir de la capilla, agobiada por verle así. Instantes después, me desmayé. Me dieron a beber un poco de agua y parece que me repuse algo.

Concluida la Misa, salimos él y yo a dar un paseo por los alrededores. Pero él sólo era capaz de repetir: «¡Ha sido desgarrador! ¡Cómo me duelen aún los terribles hachazos!».

Pasé esa noche entera en vela, recorriendo el largo pasillo entre su habitación y la mía para comprobar si estaba bien. Nunca antes, insisto, le había visto comportarse de aquella manera; parecía como si llevase él solo todo el peso de la Cruz. De hecho, caminaba arrastrando los zapatos, como si no pudiera ni con su alma.

Llamaba a su puerta, pero él se limitaba a decirme desde el otro lado que le dejara en paz y que me fuese a descansar. Menuda respuesta la suya, tan paradójica: que le dejase en paz.

Sin que se diese cuenta, pedí en recepción una llave de su dormitorio y así pude vigilarle hasta que amaneció.

La primera vez que me asomé a su habitación acababan de dar las cinco. Abrí la puerta con mucho sigilo y comprobé que dormía; se había puesto el pijama y cubierto el cuerpo hasta la cintura con una sábana.

Recé despierta lo que no está escrito en los breviarios para que el Padre Pío le ayudase a salir de aquel doloroso estado de hibernación.

El demonio se cebó luego conmigo para hacerme perder la gracia, nada más llegar al monasterio de Pulsano. Chema y yo le habíamos visto ya en Monte Sant'Angelo, pero esta vez me atacó con más furia, tentándome incluso para hacerme incumplir el precepto dominical. Si el Señor no se hubiese servido de Chema entonces, yo habría faltado a Misa en un día tan señalado. Su insistencia me hizo entrar finalmente en la iglesia, aunque sin el menor entusiasmo.

Concluimos los dos en que aquella terrible experiencia nos había servido de purificación para afrontar más cerca de Dios nuestro futuro, mientras reparábamos en todo lo que debió sufrir el Padre Pío en el mismo lugar donde habíamos estado.

Recordé entonces al periodista que en cierta ocasión le dijo al Padre Pío, conmovido por sus padecimientos:

—¡Cuánto sufre usted, Padre!... ¿Por qué no me da un poquito de su sufrimiento?

Él, muy seguro, contestó:

—Si te diera una pizca de lo que sufro, morirías.

Aterrizar en Madrid fue para nosotros como ver el cielo abierto. Aquella noche dormimos todos a pierna suelta. Los niños estaban tan cansados, los pobres, que al día siguiente, lunes, no fueron al colegio. Desayunamos juntos con Fernando en una churrería de Torrelodones, y luego él regresó a Sevilla en el tren de alta velocidad (AVE).

La pesadilla real de San Giovanni Rotondo, a donde volveríamos dos años después con motivo del libro *Así se vence al demonio*, en un viaje que gracias a Dios fue la otra cara del que acabábamos de realizar, se disipó ahora ante todo un sueño que estaba a punto de cumplirse: ¡Nuestra boda!

Empezamos a prepararla juntos con mayor ilusión incluso que si a Chema le hubiesen concedido el Premio Nobel de Literatura o a mí la Corona de Isabel la Católica.

Pensábamos casarnos el 16 de junio, coincidiendo con el 42º aniversario de la muerte del Padre Pío, y a 17 de mayo aún seguíamos sin saber dónde se oficiaría la ceremonia nupcial.

—¿Recuerdas la iglesia de la Madre de Dios, en Almagro? —le dije a Chema. Podríamos casarnos allí...

—Ya lo he pensado.

—¿Es que no te gusta acaso? —añadí, viéndole poco entusiasmado.

—Me encanta. Pero hay dos problemas: primero, que será difícil reservar a estas alturas la fecha que hemos elegido; y segundo, que resultará

también complicado poner de acuerdo a tres sacerdotes para concelebrar tan lejos de Madrid.
—Tienes razón —admití—. ¿Y qué hacemos entonces...?
—Hay una alternativa más factible.
—¿Cuál...?
—Casarnos en la Hospedería del Valle de los Caídos.
—¡Caramba! No había reparado en ello. Me parece una idea magnífica.
—Me alegro de que te guste.
—Y además, estaremos muy cerca de donde te convertiste.
—Justo al lado.
—Voy a llamar ahora mismo al padre José Ignacio a ver qué opina.

Contacté así en la Abadía Benedictina con este sacerdote amigo y cómplice de nuestra increíble aventura, que tanto había rezado por nosotros. No puso la menor objeción. El único inconveniente era que la boda no podía celebrarse el 16 de junio, como deseábamos, porque uno de los tres sacerdotes estaba aquel día fuera de Madrid. Tras hablar con todos, acordamos finalmente la fecha del 14 de junio.

—Es una pena que no podamos casarnos el día 16 —le comenté a Chema, resignada.
—Parece que al Padre Pío no le hace mucha ilusión.
—No digas eso.
—Bueno, lo importante es que vamos a casarnos, ¿no es así?
—¡Pues claro! ¡Estoy tan ilusionada, cariño! ¿Y tú...?
—Más de lo que imaginas.
—¡Soy tan feliz...!
—Y yo, amor.
De repente, caí en la cuenta del día que era y no pude reprimir mi instinto:
—¡Pero Chema...!
—¿Se puede saber qué te pasa ahora? —repuso él, asustado.
—¿No sabes qué día vamos a casarnos?

—Sí, claro, el 14 de junio. ¿Y qué...?
—¡Pues que es el día de la Virgen de los Dolores de Prado Nuevo!

Recordé entonces la tarde que fui allí con mi madre a rezarle a ella para que fuese mi paño de lágrimas en aquellos momentos tan duros de mi vida. Le pedí con toda el alma que me ayudase. Luego, como también sabe el lector, introduje el papelito doblado en el hueco del fresno pidiéndole, con la inocencia de una niña, que apareciese algún día mi príncipe azul.

Lloré entonces de pena, pero ahora lo hice de alegría al reparar en ese día tan especial en que iba a ver cumplido el sueño de toda una vida, segura de que la fecha no la habíamos elegido nosotros sino la Virgen de los Dolores, a quien tanto amábamos después del sufrimiento compartido.

Pero no acabaron ahí las «casualidades». Esta vez fue Chema el que se llevó una sorpresa mayúscula mientras tramitaba su partida de bautismo para poder casarnos. Era incapaz de recordar la iglesia donde le bautizaron, pero sí que residía con su familia, siendo un bebé, en la calle Guzmán el Bueno.

Iniciamos así nuestras pesquisas, que nos condujeron finalmente a un bonito templo situado en la calle de San Bernardo, esquina con la de Rodríguez San Pedro. En su fachada principal había un arco de medio punto alzado sobre columnas de capiteles jónicos; y justo encima, un segundo cuerpo flanqueado por pilastras toscanas y rematado en forma de frontón, donde lucía un escudo de la Cofradía de San Pedro.

Averiguamos que aquella misma iglesia donde bautizaron a Chema fue incendiada durante la Guerra Civil española, y que un grupo de vándalos profanó también el mausoleo del insigne dramaturgo Pedro Calderón de la Barca, cuyos restos mortales descansaban allí desde 1902.

Mientras el párroco consultaba el *Libro de Bautismos*, yo estaba incluso más inquieta que Chema.

—¡Aquí está! —exclamó por fin el sacerdote: José María, Pablo, Isidoro —leyó.

Chema asintió con la cabeza a cada uno de los tres nombres.

Estábamos en la parroquia de Nuestra Señora de los Dolores.

Poco después, acompañé a Chema hasta su pila bautismal, ante la que él cayó de rodillas para rezar un rato en silencio con el lado derecho de su cara apoyado en la piedra; igual que había hecho ya Juan Pablo II ante la suya, en la Basílica Menor de la Presentación de la Santísima Virgen de su pueblo natal de Wadowice, en Polonia.

Y entretanto, las «casualidades» prosiguieron. Esta vez, el Padre Pío nos tenía preparada otra de sus travesuras. Necesitaba con urgencia un vestido de novia, pero no estaba dispuesta a gastarme los más de mil euros que me pedían por uno ideal que vi en un escaparate de Torrelodones.

Una de aquellas mañanas, paseando con Chema por el centro de Madrid, me fijé de repente en un cartel que decía: «Se alquilan trajes de novia». Comprobé que era Casa Jiménez, fundada en 1923. Estaba en la calle Preciados, entre las plazas de Callao y Santo Domingo. Pedí a Chema que me aguardase fuera, porque no quería de ningún modo que viese el traje si me decidía finalmente por uno. Era mi gran sorpresa.

Me atendió una señora muy simpática, que me hizo probar sólo dos vestidos, porque el último me sentaba tan bien que ni ella misma se lo creía.

Previamente, me había explicado que los trajes eran de alquiler, pero que como su marido y ella pensaban jubilarse pronto, habían decidido ponerlos a la venta.

—Pero mujer —dijo la señora, alucinada, al verme con el vestido puesto—, si parece que te estaba esperando. Te queda que ni *pintao*. Toda muy chulapa.

Y al marido, de pie a su lado, le indicó:

—Tú vigila que no entre el novio.

A mí se me saltaban las lágrimas de emoción.

—¿Tanto le quieres? —comentó la dueña mientras lloraba.

—Ni se lo imagina.

—Ya veo, ya...

—Llevamos muchos años esperando este momento, ¿sabe?

—Ojalá que todas las novias sintieran lo que usted, hija, porque hay cada lagarta por ahí suelta...

—Estoy muy enamorada. Hemos rezado mucho para que pudiésemos casarnos como Dios manda.
—Es usted mujer de fe...
—Ya lo ve.
—Como yo.
—Pues récele a él —dije, entregándole una novena del Padre Pío.
—¿Quién es...?
—Un gran santo que seguro le ayudará.
—Falta nos hace, como está el patio. Y deje por favor ya de llorar, que como siga así vamos a parecer dos plañideras. Espere un momento y no se mueva de aquí.

La señora desapareció tras un cortinaje, al fondo de la tienda, y regresó enseguida con un velo larguísimo entre las manos. Siempre me había ilusionado cubrirme la cara con un velo y que Chema, tras decirle yo con toda el alma «¡Sí, quiero!», me lo levantara para darme un beso. ¡Me resultaba tan romántico...!

—Bueno —concluyó la señora—, pues el conjunto entero —vestido, velo, cancán...— se lo dejo en doscientos cincuenta euros. ¿Qué le parece...?

—Genial —contesté, sin atreverme a decirle que era una ganga.

—En ese caso, lo enviaré esta misma tarde al tinte y en una semana lo tendrá como nuevo.

Salí de la tienda nerviosísima. A Chema casi le dio algo al verme así. Tuve que explicarle que ya tenía el vestido de novia, pero sin darle más pistas. Y caí en la cuenta entonces de que era 25 de mayo... ¡el cumpleaños del Padre Pío! Menudo regalazo acababa de hacerme.

Faltaban veintiún días aún para la boda y me costó conciliar el sueño cada una de las noches siguientes, imaginándome el momento crucial de pronunciar el «sí, quiero», consciente de que me casaba con Chema enamorada hasta el tuétano y para toda la vida.

La víspera de la boda, vino su amigo Fernando desde Sevilla. Chema había reservado dos habitaciones individuales en la Hospedería del Valle de Cuelgamuros para pasar su última noche de soltero en compañía de uno de sus mejores amigos y testigo de nuestro Via Crucis en San Giovanni Rotondo.

Después de cenar, según me contó luego Chema, rezaron el Rosario juntos mientras paseaban por los alrededores de la Abadía contemplando en lo alto, majestuosa, la Cruz más grande de toda España.

A la mañana siguiente, yo debía madrugar para que una peluquera me peinase y maquillase en casa. Al mirarme luego en el espejo vestida y arreglada, con el ramo de flores en la mano, empecé a temblar de emoción.

Cherra Sales, el médico amigo de Chema, vino a recogerme en su coche para llevarme hasta el Valle de los Caídos. Conforme nos aproximábamos hacia allí, el corazón me golpeaba en el pecho como si lo aporrease un tamborilero. Al bajar del vehículo, poco después, me esperaba Fernando, mi padrino, para conducirme del brazo hasta la puerta de la iglesita donde ya estaba Chema, elegantísimo con su traje gris oscuro en compañía de su madrina Teresa, esposa de Alfonso, otro buen amigo suyo.

Chema me miró absorto. Hasta que le oí, por fin, decirme: «¡Qué guapa que eres!».

La capilla era un completo remanso de paz. Pequeña y acogedora. Pero con todo lo imprescindible, empezando por el Señor, presente en aquel Sagrario con su Cuerpo, Sangre, Alma y Divinidad, y por una hermosa imagen de Su Madre, la Purísima Concepción, bajo una alta cúpula.

Sentados frente al altar en dos butacas sin respaldo y con sendos reclinatorios delante, asistimos al momento más importante de nuestras vidas. Habíamos querido celebrar la ceremonia en la más estricta intimidad, en presencia de los tres sacerdotes que oficiaban la Misa y de apenas una veintena de invitados. Huimos así de la alharaca y del bullicio, porque teníamos muy claro que no íbamos a celebrar un acto social, sino a darnos un «sí» incondicional ante Dios. El instante que los dos más habíamos anhelado desde hacía una década.

Y justo entonces, se me hizo un nudo en la garganta que sólo pude deshacer en parte para pronunciar las dos palabras que tantas otras veces habían resonado en mi cabeza. Chema estaba también muy emocionado. Le miraba de soslayo de vez en cuando, viéndole reconcentrado en la ceremonia y con los ojos empañados en lágrimas.

Almorzamos luego el menú diario que servían en la Hospedería. En la mesa contigua a la nuestra había un grupo de señoras que enseguida se pusieron a hacernos fotos, encantadas de tener a su lado a unos recién casados.

Partimos finalmente los dos solos al Parador de Sigüenza, en la provincia de Guadalajara, donde habíamos reservado una habitación doble estándar para esa misma noche. Pero al verme vestida de novia, el recepcionista nos la cambió por una suite nupcial al mismo precio. Era una habitación enorme, con una cama de matrimonio con dintel. Otro regalo del Padre Pío.

Me sentía tan feliz, que no me quité el traje hasta bien entrada ya la noche. A Chema le encantaba verme así. Por fin podía decir ya que era mi marido, en lugar de callar cada vez que alguien le llamaba así para no darle explicaciones sobre nuestra vida.

Dos años después, el 14 de junio de 2012, reafirmamos ante Dios nuestro matrimonio durante una Misa en la que lucimos los mismos trajes del día de la boda. No dejamos de agradecer a Dios, a la Virgen y al Padre Pío habernos dado la segunda oportunidad de ser felices juntos, aunque no nos hubiese salido gratis.

Chema y yo pensamos que todos los matrimonios deberían valorar el inmenso tesoro que poseen ante Dios, en lugar de arrojarlo por la borda a las primeras de cambio. ¡Hay tantos matrimonios rotos hoy en día, abocados al adulterio que lleva implícita la condenación si no se ponen los remedios humanos y divinos para evitarla!

Vivir en gracia de Dios es la única garantía para ser felices de verdad. El Amor, con mayúscula, implica entrega incondicional y no se compra con dinero; como tampoco la alegría, juventud eterna del espíritu, ni tantos otros preciados dones del Señor. Lo demás son placeres efímeros y materiales, becerros de oro que más pronto que tarde te dejan sumido en la tristeza y conducen a la desesperanza.

También en el matrimonio existe una escala de valores que, si todos los cónyuges del mundo la respetasen, se ahorrarían multitud de separaciones y divorcios: Dios siempre en primer lugar, y en mi caso, Chema a continuación, los niños y finalmente yo.

Egoísmo y matrimonio están reñidos.

Si alguien cree merecer una segunda oportunidad en su vida, como sucedió en nuestro caso, convencido de que su matrimonio no fue válido a los ojos de Dios, ojalá que este libro le sirva de acicate para intentarlo. La tentativa vale ya de por sí la pena. Que nadie pueda decirle a Dios, en el momento de comparecer ante Él, que al menos no se esforzó con rectitud de intención.

Dios jamás defrauda; somos nosotros quienes le defraudamos a Él, dejándonos arrastrar por el pecado, que es la actitud más cómoda pero que a la postre más infelices nos hace. Así que... ¡Ánimo! Porque, como decía el Padre Pío: «*Tutto è uno scherzo d'amore*». Todo es un juego de amor.

AGRADECIMIENTOS

Este libro providencial no habría llegado a manos del lector sin el inestimable respaldo y aliento de nuestros editores Álex Rosal y Carmelo López-Arias; ni por supuesto, sin las incesantes plegarias de varias comunidades de religiosas de vida contemplativa repartidas por España, de frailes y sacerdotes diocesanos, y de los grupos de oración del Padre Pío.

Conste también nuestra gratitud, como eslabones de esa imponente cadena de oración, a los sacerdotes Venancio, Manuel, Carmelo, Cristóbal y Pedro; así como a María, Ana, Begoña y Bernardina.

Los lectores que lo deseen pueden enviar sus testimonios y dudas a esta dirección de correo electrónico:

unjuegodeamor@gmail.com